ein Winterbuch

Friedenauer Presse

Als ich mich am 2. Januar 1993 von Helmar verabschiedete, um nach St. Petersburg zu fahren, war ungewiß, wann und ob wir uns wiedersehen würden. Er brauchte schon alle Kraft, um vom Bett aufzustehen, ich war für ein halbes Jahr von einem Privatmann angeheuert worden, um in St. Petersburg das Anzeigenblatt *Priwet Peterburg (Hallo Petersburg)* zu gründen. Seit Anfang November 1992 hatte ich fast täglich das Haus besucht, in dem Helmars Zimmer den Mittelpunkt bildete. Wir versuchten per Telefon, vor allem aber durch Faxe, unser Gespräch weiterzuführen und die entstandene Nähe zu bewahren. Kennengelernt hatten wir uns im Herbst 1989. Für mich war seine Anwesenheit bei den Aktionen und Zusammenkünften des *Neuen Forums* erlösend gewesen. Wir gehörten zur selben Sprachfamilie.

Obwohl ich Helmar als einen ständig Zeichnenden kannte (meist während wir fernsahen oder sprachen, mit Vorliebe auf quadratische Notizblocks, die an den Seiten mit einem Firmensignet bedruckt waren), begriff ich erst in den letzten Monaten, wie lebensbestimmend diese »Kritzeleien« für ihn waren. Er wiederum, der mich als Zeitungsmacher kannte, war eher überrascht gewesen, als ich sagte, daß ich gern schreiben würde, Prosa, Erzählungen eben.

Auch deshalb erbat er sich Berichte aus Petersburg. Die wollte er sich genauer anschauen. Oft sagte er am Telefon: »Erzähl das nicht, schreib es auf ...«

Helmars Erwartung zwang mich, genauer hinzusehen und das Erlebte zu artikulieren. Ich hatte tatsächlich das Gefühl, abends zu Hause erwartet zu werden. Wenn in den Faxbriefen viel von Müdigkeit die Rede ist, so verschweigen die Zeichnungen die Anstrengungen, unter denen sie geboren wurden. Oft lassen sie den Anlaß ihrer Entstehung hinter sich.

Die Bildunterschriften und Kommentare zu den Zeichnungen diktierte Helmar seiner Frau Jutta, die – sie trug ja die Sorge für alles – auch die Fax-Expedition übernahm. Olaf Wegewitz, der Künstler und enge Freund, stellte 1994 eine Auswahl von Helmars Arbeiten im Kunstverein Schloß Röderhof aus. Seiner Idee und seiner Initiative ist es zu danken, daß aus Helmars Zeichnungen und meinen Faxen ein Begleitbuch zur Ausstellung entstand – ohne Verlag, ohne Vertrieb.

Ein Exemplar gelangte in die Hände der Berliner Petersburgerin Katharina Wagenbach-Wolff, deren Friedenauer Presse-Bücher in Helmars Zimmer gelesen und bewundert worden waren.

Die Fax-Briefe sind Bestandteil des Dialogs und eine Bühne für den Auftritt der Nase. Deshalb konnte ich – bei allem verbleibenden Zweifel – einer Verlagsveröffentlichung zustimmen. Irrtümer, sprachliche Ungeschicklichkeiten und Wortwiederholungen wurden nicht verbessert.
Die Verstörung des Neuankömmlings entlädt sich oft in hilflosen und den touristischen Zeigefinger verratenden Kommentaren. Aus mancher hier noch distanziert beschriebenen Begegnung wurde Freundschaft, anderswo kühlte erster Überschwang schnell ab.
Im Nachhinein wird allerdings auch klar, daß ich, von Helmar in die Petersburger Schule der Beobachtung geschickt, ohne es selbst zu wissen und lange vor der Idee zu einem Buch, mit der Arbeit an den *33 Augenblicken des Glücks* bereits begonnen hatte.
Daß die Nase, sprich Nos, nun auch zwischen den noblen Seiten der Friedenauer Presse spazieren gehen darf, hätte wohl ihr zeichnungsberechtigter Schöpfer – unbenommen einiger Ermahnungen, sich nicht zu keck aufzuführen – letztlich befürwortet. Gemeinsam hoffen wir, daß auch Nikolai Gogol seine Zustimmung nicht versagen wird.

Ingo Schulze

3. Januar 10:40 2/1/93

Helmar, mein Lieber, es ist gleich elf Uhr abends, und anstatt mich in einen Liegestuhl Deines Zimmers zu lümmeln, tapse ich noch auf einen winzigen Sprung (auf fremder Schreibmaschine) für ein paar Worte zu Dir, um Dir eine gute Nacht zu wünschen, auch wenn es sicherlich heller Tag ist, wenn Du dieses Postkartengrußfax liest oder vorgelesen bekommst. Die Gedanken an Dich, an Euch, an unsere Tage zusammen sind mir jetzt wie ein Ariadne-Faden, der sich stillschweigend abspult. Deine Mutter heißt seit gestern übrigens »Krause«, denn so wollte sie heißen, falls der Ruhe ausstrahlende »Chaot« mit ihrem geschundenen Auto doch noch seinen Zug erreichen sollte. Ich hatte mir als »gläubigem« Zugfahrer einmal erste Klasse bestellt. Allerdings war die dann so weit entfernt, daß ich mit dem ganzen Hackel-Packel noch froh sein durfte, überhaupt mitgenommen zu werden – dritte Klasse, Raucher … Die rauhbereifte Landschaft unter weißem Himmel brachte sich Minute um Minute wie ein geliebtes Buch in Erinnerung. Ich weiß nicht, wann ich diese Strecke das letzte Mal gefahren bin, ich denke, da hatte ich noch frische studentische Manieren. Vielleicht erschien mir auch deshalb der Hauptbahnhof wie die falsche Wohnung, alles grellbunt bekleistert – keine Spur mehr von den rüden waggonstürmenden Abfahrten gen Süd-Osten oder Jena, jetzt scheint hier kaum noch etwas zu passieren – wie ausgelöscht die ddr-Zeit. Ich spürte etwas von der Hilflosigkeit der »Rückkehrer«.
Zu Hause wälzte ich Altenburger Hausaufgaben auf dem Schreibtisch – nicht der Rede wert. Ich rolle mich jetzt ins Bett – vorher sei aber von mir gestreichelt, Du trägst noch einen Kuß auf der Stirn, der auf jeden Fall wasserfest ist. Vielleicht können wir am Sonntag miteinander sprechen.

4. Januar 11:34 3/1/93

Dear Helmar,
ich hocke im Flugzeug, irgendwo über der Ostsee und Dänemark, und denke daran, was Ihr jetzt wohl machen werdet; hoffentlich gluckst und hupft Dein Magen nicht mehr so schlimm; vielleicht helfen Juttas Hexenkünste ein wenig, sie soll nur nicht so laut lachen, aber lachen sollte sie doch schon ab und zu.

Ich habe ein schönes Flugzeug erwischt, so breit, daß acht passengers nebeneinander passen; die Wolken unter mir quellen von vermischten Tupfen zu dicken Kartoffelpuffern (dabei habe ich das Essen gerade hinter mir – hm, eigenartig – mir fehlt halt die morgendliche Suppe bei Euch). Dresden hat ein neues Flughafengebäude, alles nur Glaswände, so daß die am Boden Zurückbleibenden und die Abflieger immer noch ihre Abschiedsküsse auf Fingerspitzen pfropfen oder Handflächen schmieren können (die Lufthansa holpert wie die Deutsche Reichsbahn, schrecklich, doch ich habe sie überlistet, tip, tip, tip…), um sie dann dekkungsgleich von beiden Seiten des Glases gegeneinanderzudrücken; das fand ich ja noch ganz innig, aber dann geriet ich (mit dem Rücken zu dieser Glas-Außenwand sitzend) in die stumm grimassierenden Abschiedsdelirien entgleisender Gesichter, und das pfiff teilweise recht knapp über meinen Kopf dahin, so daß ich einmal dachte: woher kennst du denn die? In Dresden hat sich auch das Beamtentum gewandelt: Mein Übergepäck (nicht Übergewicht!!!, Hinweis an die laut-kichrige Jutta) wurde mir um zehn Kilogramm weniger berechnet, nicht offiziell, aber immerhin. Begründung: Nahrungsreserve.
Die Landschaft um Dresden drückte an manchen Stellen ihre bergigen Konturen gegen den weißen Dunstschleier, und ich wußte nicht, sind es Wolken oder ist es Erde.
In Frankfurt blieb kaum Zeit. Ich kaufte ein paar englische newspapers und journals für die Petersburger Redakteure und badete in der allumfassenden Auffrischung der deutschen Seele in den terminals. Das erste Russisch, das ich hörte, kam von einem Amerikaner, das zweite von einer Russin – sie schläft über vier Sitze ausgebreitet rechts von mir, die Lufthansa hat sogar weiß bezogene Kopfkissen für ihre Lieben –, die es nicht unterlassen konnte, »Peterburg« als otschen krassiwyj gorod *(sehr schöne Stadt)* zu bezeichnen; das wußte der Ami schon, und so ergaben sich sofortige Gemeinsamkeiten.
So langsam freunde ich mich mit meinem Schreibgerät an. Bisher habe ich nur geahnt, wie schön es ist, wenn man das Ding hier immer zur Hand haben kann. Wer es mit dem Füller oder dem Kuli kann – umso besser, ich kann's jedenfalls nicht, aber hiermit fühle ich mich sehr wohl – so dazusitzen und Dir schreiben zu können; sonst muß man sich um die Ereignisse bemühen und herumlaufen, hier schiebt sich die Landschaft vorbei, und es bleibt einem das Aufnehmen.
Ich las bisher im Koltès, Prosa, der ethnographische Blick einer umtriebigen Seele, ein Gemisch aus allen Zeiten, Räumen, Geschlechtern. – »Wir durchfliegen eine Zone von Turbulenzen«, local-trouble, sagt gerade gelassen der captain, ausgerechnet jetzt, wo ich mal aufs Klo müßte. Abgesehen von ein paar

Gedanken an die mich erwartenden Räume, habe ich in mir noch keine Vorbereitung auf Petersburg betrieben, es ist schon beinahe Normalität, dort anzukommen; the trouble is over, I like to pinkel now! – so – habe ganz gut getroffen. Draußen ist es schon dunkel geworden, auf meiner Uhr, der Küchenuhr, ist es noch nicht einmal halb vier, ich packe ein, die nächsten Zeilen dann von russischem Boden aus, bis gleich.

Mein Lieber, hier ist es jetzt schon nach zehn, bei Euch nach acht, – ob Du schläfst? Ich habe irgendwie Pech mit dem Schnee, in Dresden morgens minus dreizehn Grad, hier plus ein Grad, Matsch. Gleich bei der Ankunft für alle eine höchst demokratische Lektion, denn sie betraf sowohl die Dollar- und D-Mark-Pässe als auch die russischen: fast eineinhalb Stunden Warten auf das Gepäck, und kalt war's trotzdem. »Warten Sie einfach«, ist der einzige Ratschlag, den man den Leuten geben kann. Wem das zur täglichen Erfahrung geworden ist, manchem zu einer lebenslänglichen, dem kriecht das in den Körper. Die »westliche« Leichtigkeit ist schnell dahin. Wenn das viel zu kurze Förderband in einem viel zu kleinen Raum zu rotieren beginnt – es wird nach ungefähr zwanzig Gepäckstücken wieder abgestellt, weil dann die Transportkarren der Flughafenarbeiter leer sind und eine neue Ladung herangeschafft werden muß –, beginnt das große Geschubse und Gegreife. Meinen Koffer zog einer herunter in dem Glauben, es wäre seiner, – da wirken die Russen professioneller, zumindest waren sie es, die noch lachten, als den germans der Spaß schon über die Hutschnur ging.
Mr. Schumsky hatte gottlob aber gewartet und mich durch die leere Stadt in den Hinterhof gebracht. Schöne Zeit zum Beginnen. Er meint, in der nächsten Woche würde hier noch niemand arbeiten, er auch nicht, jetzt war Neujahr, und nun warten sie alle auf Weihnachten, der siebente ist offizieller Feiertag. Auch schön.
Der Altlastkommunistenkomponist gratulierte mir nachträglich zum Geburtstag und wollte mich mit seinen Cognac-Beständen verwöhnen. Aber da ich keinen Alkohol trinke, wurde nichts daraus – verblüffende Wirkung einer solchen Selbstbezichtigung.
Ich habe alle Deckchen beiseite geräumt und nun einen ganz passablen Platz zum Schreiben, auch wenn ich noch nicht von hier faxen kann.
Helmar, morgen können wir uns hoffentlich wieder sprechen, und hoffentlich funktionieren die Faxverbindungen. Das warme Wasser geht zumindest wieder,

das stimmt zuversichtlich. Mir piept's vor morgen im Bauch. Wer weiß, wann und wie ich morgen hier wieder sitzen werde,
sei mit Liebe gestreichelt

5. Januar 8:48 4/1/93

Mein lieber Helmar,
ich widerstehe der Versuchung, zum Hörer zu greifen, und tipple lieber so zu Dir. Der heikle Tag ist vorüber, aber die nächsten werden sich gewaschen haben. Doch bin ich froh, die Minuten-Oase zu haben und morgen wieder anzurufen. Ich möchte Dir Dein Schlucken wegschnappen, damit Du jetzt gut schlafen kannst.
Als ich heute von der Nina-Deshurnaja *(Aufsicht)* mit einem »guuten Tak Inga« begrüßt wurde, konnte eigentlich nicht mehr viel schiefgehen, nur daß zur verabredeten Zeit niemand kam, zumindest nicht diejenigen, die ich bestellt hatte. Also telefonierte ich herum, und sie trudelten ganz aufgescheucht einer nach dem anderen ein. Ich könnte ob meiner miesen Russischkenntnisse in den Erdboden versinken. Es ist schrecklich, den ganzen Tag nichts zu verstehen und doch überall etwas sagen und fragen zu müssen, und das english braucht auch erst wieder seinen Anlauf. Doch geht alles leichter, wenn Mr. J. weit weg ist und auch sonst keine german language dazwischenquackt. An Werbung ist so gut wie nichts da, sie wollen alle erst die Zeitung sehen – aber, obwohl wir es schön abgesprochen hatten, waren sie etwas überrascht, daß es jetzt so schnell gehen soll. Noch drei Tage und drei Nächte bleiben, bis alles fertig sein muß. Nicht mal ich glaube so richtig daran, aber irgendwie muß es halt gehen. Nur geduldig step for step. Eine Sekretärin habe ich nun auch. Sie ist sogar sehr schön, eine edle Tatarin – dafür aber sehr albern. Es wird an ihr liegen, ob wir es schaffen, denn sie muß alles hineintippern.
Zur Redaktionssitzung wurde ich in die Nowosti-Agentur eingeladen; dabei merkte ich, daß dieser big name sich auf ein paar Zimmer in einem Newa-Palast reduziert, und das Verrückteste daran ist: Alle Nowosti-Leute arbeiten nun für »Priwet Peterburg« *(Hallo Petersburg)*, eine völlige Personalunion, na und ich eben. Vielleicht ziehe ich eher als erwartet in einen Newapalast, die Aurora zielt direkt auf die Nowosti-Fenster. Sie hatten alles sehr schön gemacht, es gab eine Flasche Wein, als Tischdecke-Servietten dienten einseitig

beschriebene Manuskripte, die mit der weißen Seite noch oben lagen, dazu ein paar Knabberkekse, mein nachmittägliches Mittagessen. Ich kann ihnen nur vertrauen. Das scheinen sie zu spüren. Sie fragen mich nur noch selten, eigentlich nur dann, wenn sie sich nicht einig sind, und falls ich es verstehe, versuche ich klug dreinzuschauen ... o weh! Ich wünschte mich dann in eine Ecke, um das Wörterbuch herauf und herunter studieren zu können. Doch das ist alles nichts zu der Verlegenheit, in die sie mich bringen, wenn ich sie nach ihren Gehaltsvorstellungen frage: Das soll ich entscheiden. Und da möchte ich um liebsten aus dem Fenster springen. Und wenn sie sich dann über meine Antwort auch noch freuen, geht's mir nicht unbedingt besser.
Am besten verstehe ich noch Nelli, man hat mich von Eigen- und Vatersnamen zugunsten dieser nicknames befreit, weil sie schön langsam spricht. Obwohl sie um den Mund etwas zerfahren wirkt und deshalb viel älter als Mitte Vierzig aussieht, umhüllt sie ihren großen, fast maskulinen Körper so elegant mit Tuch und langem Rock, setzt ihren halblangen Haarschnitt mit so dezenten Kopfbewegungen in Gang, daß ich sie im Sprechen und Gestikulieren gern ansehe. Sie ist die Kulturdame der Zeitung. Der eigentliche Boss ist Jurij, ein kleines, energisches Männchen mit Borstel-Schnitt, auch so Mitte Vierzig, mit weißem, etwas teigigem Gesicht, aber dennoch resolut, mit panischer Angst, am Computer arbeiten zu müssen. Er raucht fortwährend Papyrossi; seine Aschenbecher sehen aufgrund der langen Pappmundstücke wie kleine Papierkörbe aus. Jelena, die mir alle »vermittelte«, wäre wohl außerhalb von Rußland eine Schönheit geworden, doch sie wirkt schon abgehärmt, hat schöne, dunkelbraune Augen, jedoch bewegen sich ihre Augenlider fast ständig; aber wenn sie so in vertrauter Runde ist, kann sie schön lachen; nur spricht sie unanständig schnell, das erschöpft auf Dauer.
Michail, knapp an einer Wyssozkij-Figur vorbei, würde wohl kostenlos arbeiten, wenn er von mir nur mehr über Computer erfahren könnte. Er hat mir im Handumdrehen schon das Kabel besorgt, das ich zum Faxen mit meinem Schreibgerät brauche. Vielleicht installiert er es mir noch in den nächsten Tagen, dann bin ich autark. Als ich gegen zehn zu Hause ankam, hatte ich über zwölf Stunden nichts in den Bauch bekommen außer diesen Keksen, das ist fürchterlich, ab morgen gibt's Stullen.
Um mich ein bißchen wachzuhalten, habe ich mir für jeden Tag einen Brodskij-Essay vorgenommen. Heute früh las ich seine Nobelpreisrede und entdeckte dabei ein altes Lesezeichen von mir: eine schöne, »selbstgeknipste« Farbfotografie der Nowgoroder Türen, das bringe ich Dir mit. Ich

empfinde diese Rede als sehr russisch; manchmal fast zu trostvoll: »Ein Mensch mit sicherem Geschmack, besonders in Stilfragen, ist nämlich weniger anfällig für die primitiven Refrains und rhythmischen Beschwörungsformeln, die jeder Art von politischer Demagogie eigen sind. Zwar ist die Tugend keine Voraussetzung zur Schaffung eines Meisterwerks, aber das Böse, besonders das Böse in der Politik, ist immer ein schlechter Stilist. Je substantieller die ästhetische Erfahrung eines Menschen ist, je gesunder sein Geschmack, desto schärfer ist auch seine moralische Urteilskraft und desto freier – wenn auch nicht unbedingt glücklicher – ist er. In diesem angewandten eher als im platonischen Sinn sollten wir Dostojewskijs Bemerkung verstehen, daß die Schönheit die Welt erlösen wird, oder Matthew Arnolds Glauben, daß die Menschheit nur durch Poesie gerettet werden kann. Wahrscheinlich ist es zu spät für die Welt, aber für das Individuum gibt es immer eine Chance . . .«
Mein Lieber, ich bin müdemüdemüdemüdemüüüüü; an meinem Kopfende habe ich ein paar Deiner Zeichnungen ausgelegt, Traumraum – ich danke Dir.
Streichle Jutta von mir die Hand, Dich umarme ich, sehr bei Dir

6. Januar 9:25 5/1/93

Mein lieber, lieber Helmar,
ich habe heute richtig die Freude auf den Moment hin gespürt, dieses Apparätle hier in Gang zu setzen, einfach weil ich Dir dann nah sein kann; zwar weiß ich nie vor dem Beginn des TipTap, was ich Dir schreiben soll, doch dann verliert allmählich der Tag seine Flächigkeit, auf der ich umherhastete, – und nun beginnt das eigentliche Leben.
Euer Fax war eine unerwartete Freude, – ich gönne ja meiner Stasi-Elf immer alles Gute, aber so viel an Aura hat sie nicht verdient. Natürlich habe ich die Sünde begangen und den Schmarrn gelesen. So eine Freude habe ich das letzte Mal bei der army erfahren.
Bei Euch ist es jetzt gleich neun Uhr, ich wünsche Dir und Jutta einen guten Schlaf, ich glaube ja daran, daß Gedanken helfen können …
Ich bin hier immer fürchterlich müde, warum weiß ich nicht; liegt es an der Seeluft oder an den ungewohnten Spaziergängen oder an der Anstrengung der fremden Sprachen? Heute früh schlief ich bis kurz vor neun – da wäre ich also

im alten Rhythmus, auf zum Bäcker –, fuhr hoch und versuchte, so schnell es ging, mit dem endlosen Schnürsenkelgebändel fertigzuwerden. Mein Kwartir findest Du nahe der Kreuzung von Sadowaja uliza und Lermontow-Prospekt, vielleicht etwa hundert Schritt auf die Fontanka zu. Da ich aber als alter Petersburger schon die Hinterhofgänge kenne, betrete ich gar nicht erst den Prospekt, sondern entschlüpfe über die Makarenko-uliza auf die Sadowaja, und von da aus immer in Richtung Newski. Gleich links zu Beginn meines Weges, beim Überqueren eines Kanals, findest Du eine berühmte Kirche mit frei stehendem Glokkenturm. Ich sah sie mir in Eurem Leningradbuch an, habe den Namen vergessen, nicht weit davon ist das Marinskij Theater, früher Kirow-. Der erste Duft, noch auf der Makarenko-uliza, ist der von Bier. Vor dem Kiosk-Ausschank liegt eine durchgelatschte Pritsche, in die die Käufer hineinsteigen und sich immer fragen müssen, warum hat die noch keiner weggeräumt? Dort lassen sie sich die gelbe Flüssigkeit in Marmeladengläser füllen, zumindest sah ich noch keine anderen, und das sieht aus wie das »Nachtglas« meines Großvaters. Linker Hand stehen dann zwei Paläste, etwas zurückgesetzt hinter Bäumen. Entschuldige, aber ich habe mich um all die Pamjatniks *(Denkmäler)* noch gar nicht kümmern können. Dann macht die Sadowaja einen leichten Linksknick. Dort ist der Rajon-Sowjet und rechts ein großer Park, in dem noch im Finstern die Jogger ihre Runden drehen und die großen Geschwister mit ihren kleinen zum Rodeln gehen, alles noch im Finstern. Die Metrostation am Sennaja wird neu gebaut, dort stehen wie auf dem Rummel die Einheitskioske mit ihren westlichen Einheitswaren. Als ich heute kurz nach neun zurückging, standen dort, eine Gasse bildend, meist ältere Frauen und boten herrliche Würste und alles mögliche feil. Entweder stehen sie wie ein Chor im Halbkreis, und die Leute laufen den Kreis völlig ungeniert ab, oder sie bilden Gassen, die man durchschreiten muß. Das findest Du noch ausgeprägter am Apraksin Dwor. Dort stehen sie unter Arkaden Spalier. Von Pelzen bis zur einzeln dargebotenen Flasche Limonade, die man im Geschäft daneben kaufen kann, findest Du dort alles. Gleich nach dem Schwarzmarkt kommt dann das TASS-building, von da sind's noch etwa fünfhundert Meter bis zum Newskij – das also ist meine Rennstrecke.

Heute war ich nicht der erste. Die Tatarin, in Jeans sieht sie nicht mehr so edel aus, und leider tippt sie auch nicht sehr schnell, und Ljuba, die alte Geschichte studiert hat und schlank ist wie Mick Jagger, waren schon da. Ljuba hatte einen Aushilfsjob als Lehrerin und ist so beflissen, daß ich sie heute abend um neun nach Hause schicken mußte. In der ganzen Zeit hat sie anscheinend nichts

gegessen, bis auf einen »Snickers« von mir, für den sie sich sogleich mit einem Marsriegel bedankte, – den konnte ich nun wirklich nicht ablehnen.
Ich könnte über eine einzige Stunde länger als eine Stunde schreiben. Ich tauschte heute zwanzig Dollar für neuntausend Rubel. Vielleicht ist es auch dieser Wahnsinn, daß ich mit den Preisen überhaupt nicht klarkomme. Ich kaufte Käse und Eier heute vormittag, weil ich sowieso nicht an den Computer kam. Die Verkäuferin hatte sogar die Kasse bei sich, und da stand etwas von 110 Rubel für ein Ei. Ich hielt das für normal, zumal sie etwas erstaunt fragte: zehn? Als ich dann zwei Tausender vorkramte, schüttelte sie nur den Kopf und gab mir auf etwas unter 150 Rubel heraus, bis auf die Kopeke genau. Wenn Du hier Trinkgeld geben würdest, einfach weil das viele Klimbim nur die Taschen vollstopft, würdest Du wahrscheinlich nur Beleidigung auslösen. Sie geben so würdevoll penetrant bis auf die letzte Kopeke heraus, daß es schon wie eine Zurechtweisung auf mich wirkt. Anders ging es mir, als ich von Mike & Mike ins Kontor der Agenten geführt wurde. Bitte stell Dir keine deutschen Vertreter vor, die hier sind ganz jung, ganz sympathisch und sehr zurückhaltend. Ich wollte, was ich gestern ja gelernt hatte, Wein mitbringen. Und als wir am Gostinij Dwor *(Kaufhof)* vorüberschlitterten, überall ist Eis auf den Wegen, sah ich durchs Schaufenster alle Herrlichkeiten, sogar Jever-Bier in Flaschen (bloß nicht dran denken, ich trinke hier nur Tee, fürchterlich, in der Kantine habe ich mich nicht getraut, das teure Bier zu kaufen). Ich zeigte auf eine Flasche, von der ich meinte, daß sie mit 300 Rubel ausgeschildert sei. Es war mir letztlich egal, ich wollte diesen französischen Rotwein, wirklich gut mit appellation usw. Als ich dann für zwei Flaschen mit Hundertrubelscheinen zu zahlen begann, wurde ich leise ermahnt, daß ich doch Tausender bräuchte. Ich glaube, den beiden war es peinlich, daß ich mich geirrt hatte. Es kostete über 6000 Rubel – etwa zwei Renten. Wir überquerten den Newski. Da war plötzlich das »gewohnte« Petersburg, das des Touristen. Ich sah es auch mit Wehmut. Dann quer durch, über den großen Platz an der ehemaligen Reitschule (ist das richtig?), der erinnerte mich für einen Moment an Paris, und hin zum steinernen Zirkusbau an der Fontanka, dort unterm Dach irgendeines Prachtbaus ist ihr Büro. Die Agenten warteten schon über eine halbe Stunde in der Vorhalle. Bis auf einen Beschlipsten pellten sich lauter Mädchen zwischen achtzehn und zweiundzwanzig aus den Mänteln. Obwohl Mike & Mike sehr liebevoll sind, wollten sie die Agenten noch warten lassen, bis wir die Verträge abgeschlossen hätten. Das war zu viel der Ehrerbietung. Ein herrlicher Treppenhausweg bis unters Dach, dort ein Westbüro, mit schwarzgestrichenen Möbeln, nur beim genaueren Hinsehen

bemerkst Du, daß sie nicht einmal richtig abgehobelt sind. Dort traf ich dann auf den general director, ein Jüngelchen von sechsundzwanzig oder siebenundzwanzig im Anzug mit Schlips, auf dem ein Wappen ist, das ich bei dem einen Mike wiederfand. Dazu noch ein undefinierbarer Alter, ich würde so auf verheirateten Schwulen tippen, der dann mit seinen Fingern auf Vertragsstellen hinwies, als wollte er Glöckchen zum Klingen bringen. Auf den Plätzen der beiden Herren lag jeweils ein Russisch-Deutsches Wörterbuch. Da sie keine Weingläser hatten, sondern nur Schnapsgläser, wurde es recht komisch, als sei man sich des Preises des Weines bewußt und dürfe nur ab und an daran nippen. Fatalerweise spürte ich, daß es ganz still wurde, während ich versuchte, die Runde Schnapsgläser zu füllen, und begann zu schwitzen. Natürlich schwapperte ich auch noch, als sei ich wegen der Damen verschüchtert, was irgendwie ja stimmte. Ich mag solche Vortragssituationen nicht. Doch wenn sie sich ohne Chance auf Entkommen unablässig aneinanderreihen, vergesse ich darüber, daß ich sie fürchte. Dann begann ich meine Rede, war froh, vom Dolmetscher immer Zeit zum Formulieren zu bekommen, sprach plötzlich ein paar Sätze russisch, bis ich in einer ausweglosen Sackgasse saß und mich wieder ans english hängen mußte. Es wurde noch ganz lustig. Sie waren einfach alle sehr lieb, nicht direkt schön, so wie Mädchen eben sind, die gern ins Theater gehen und nichts dabei finden, daß sie bei ihren Eltern wohnen. Die meisten haben ein Studium hinter sich oder brachen es wegen der Aussichtslosigkeit auf Arbeit ab. Hinter dem Büroraum war eine filmreife Kulisse. Ein Raum, etwas größer als ein Klassenzimmer, vollgestellt mit riesigen Reißbrettern. Im Hintergrund schepperte aus einem Radio Klaviermusik, Glasschränke, vollgefüllt mit Papieren, eine ganze Wand lang, auf Tischen noch Zeichnungen, und auf dem verdreckten Parkettfußboden sah ich zwei Frauenschuhe, die nicht zueinander gehörten. Ich rettete mich an die Fenster, doch ich konnte kaum hinaussehen, so schmutzig waren sie.

Ich unterzeichnete sinnloseste Verträge, der Alte entpuppte sich als eigens angestellter Justitiar – in den letzten zwei Jahren kamen angeblich tausend neue Gesetze heraus. Eigentlich komisch, daß man völlig in Unkenntnis von Gesetzen leben kann, ich wüßte kein einziges – vielleicht bis auf die Promillegrenze, und daran habe ich mich nie gehalten. Vorher im Druckhaus. Das Zimmer des Chefs ist nicht größer als Euer Schlafzimmer; gezahlt wird einen Tag vor dem Drucken –, und woher soll ich jetzt das Geld nehmen? Ein Mann von vielleicht sechzig Jahren vertrat den Chef. Ich habe bisher immer mit ihm gesprochen, ein topmanager, unsere Redakteure verdienen weit mehr als er. Er möchte mit unserem Geld Ersatzteile in germany kaufen.

Noch ein paar Zeilen Brodskij: »Die klagende Muse« – für seine Freundin Achmatowa, der man zwei Männer getötet hat, den Sohn als Geisel achtzehn Jahre ins Arbeitslager sperrte, die vierzig Jahre keine Gedichte veröffentlichen konnte. »Der Klang, mit anderen Worten, ist im Gedicht der Sitz der Zeit, ein Hintergrund, vor dem sein Inhalt Raumwirkung gewinnt. Die Kraft der Verse Anna Achmatowas rührt von ihrer Fähigkeit her, das unpersönlich-epische Brausen der Musik mitzuteilen, das dem eigentlichen Inhalt der Gedichte nur allzu sehr entsprach, besonders von den zwanziger Jahren an. Die Wirkung dieser Instrumentierung auf ihre Themen ließe sich vergleichen mit der Reaktion von jemandem, der gewohnt ist, vor die Wand gestellt zu werden, und sich plötzlich vor den Horizont gestellt findet.«
Mein Helmarchen, ich muß jetzt ins Bett, vielleicht können Gedanken doch Schlaf bringen. Ich nehm Dich in die Arme, bis gleich

7. Januar 9:12 6/1/93

Mein Lieber, Lieber, wenn jetzt wieder so eine Nacht für Dich anbrechen könnte, wie es die letzte war! Ich hatte heute schon Angst, gar nicht bei Euch durch die Telefonstrippe zu kommen, und dann war es so ein schönes Ankommen ... Wie war Dein Tag heute? Wart Ihr spazieren? Der Schnee, endlich ist er da, brachte mir den Tag aus den Fugen. Ich riskierte, um endlich wieder Kaffee trinken zu können, einen Gang nach Milch; ich kenne hier die Geschäfte noch nicht. Über einem, gleich gegenüber der Makarenko-uliza auf der Sadowaja, steht in großen Lettern: Moloko *(Milch)*. Darin benebelte mich erst der Verwesungsduft, als gammelten alle Milchflaschen vor sich hin. Von Milch aber keine Spur, dafür dieser Einheitskäse, den ich schon probiert habe, so eine Art Räucherkäse. Es macht skeptisch, wenn er in Massen daliegt und niemand ihn kauft. Doch irgend eine Trophäe wollte ich von meinem Morgentrip mitbringen. An der Kassenschlange, die Verkäuferinnen tragen immer noch diese Riesenmützen, kramte ein Mütterchen in ihrem Geld, es reichte für trista gramm syr *(300 g Käse)*. Sie wollte sich hinter mich stellen, da doch die Zeit der Geldsuche nicht als Anstellzeit gelten könne ... Ich plapperte dann ihre Bestellung nach und verlangte noch Butter. Doch Butter gab es nicht – das war ein glitzernd verpackter Nobelkäse. Gegenüber gab's Fleisch, d. h. Hühnchen, die an ihren nackten Schenkeln über den Ladentisch gereicht werden, um in Plastebeutel zu plumpsen, davor eine Fischabteilung, drei Sorten von Büchsen, drei Verkäuferinnen, ich der einzige Kunde weit und breit. Wieder hinüber auf die andere Seite, frukty *(Früchte)*: Das schien ein Privatgeschäft zu sein, so war zumindest die Bedienung. Undefinierbares, rabenschwarzes, rübenähnliches Zeug und Weißkraut, dazwischen grüne Bananen und eine Riesenkiste Pampelmusen. Ich kaufte jam, eine Konservenbüchse mit Erbsen – man weiß ja nie, wofür man die noch braucht – und verlangte ein Kilogramm Pampelmusen. Das war's dann auch, ich hatte mich wieder völlig mit den Preisen vergaloppiert, hatte nur an die 800 Rubel einstecken, und es kam weit über tausend. Der Verkäufer, der mir noch die beiden Gläser liebevoll abgewischt hatte und mir sogar zwei Sorten Erbsenbüchsen gezeigt hatte, war mit mir betroffen. Ich packte von den drei herrlichen Pampelmusen erst nur zwei aus, weil ich wenigstens eine retten wollte, aber das ging nicht, es reichte geradeso. Wie die Damen hinter mir schauten, weiß ich nicht. Gegenüber nur ein Guckbesuch, wahrscheinlich wieder ein privater Laden. Allgegenwärtiger Fischgeruch von ein paar Fischen auf der Theke, aber in den Fischvitrinen standen nebeneinander Juice in Kartons, Kaffee, Zigaretten, Plätzchen, alles auf dekorativ getrimmt, mit Weihnachtsschmuck rundum, aber keine Kunden.

Der Weg zu TASS wird immer kürzer, je öfter ich ihn gehe. Parallel zur Sadowaja verläuft ein Kanal, der dann nach links abschwenkt. Ich überlege schon, ob ich mir nicht die Zeit nehmen sollte, dort entlangzugehen.

An der Metrostation kenne ich ein paar Gesichter, ein Mann von Anfang sechzig, schwarzer Mantel, schwarze Schapka, der täglich ein Schild vor sich her hält: Kuplju *(Kaufe)* Wautscher. Das sind die ausgegebenen Scheinchen zum Kauf von volkseigenen Betrieben, die werden zu Massen von der Mafia aufgekauft, wie man mich lehrte, die dann wiederum im Schwung für fast nix Betriebe kauft. Der Alte zittert im Laufe des Tages immer mehr. Ich weiß nicht, wie lange er pro Tag steht. Dieser Art stelle ich mir das Purgatorium vor.

Du findest aber vor der Metrostation vielleicht zwanzig oder dreißig solcher Leutchen, die da herumstehen mit angestecktem Pappschild. Warum sich der Alte das nicht auch anheftet, dann könnte er wenigstens die Hände in die Taschen stecken. Geld tauschte ich auch gleich hier, auf Empfehlung. Hier soll eine »gute« Mafia sein, die ihr Geld nicht auf Erpressung macht; woher das einer der Mischas wissen will, weiß ich nicht; zumindest bekam ich hier mehr, als ich wollte, das ist paradox. Du sagst eine Rate (450 Rubel für einen Dollar), und sie geben Dir 475.

Den ganzen Tag über hatte ich eine Abscheu vor der Arbeit, vielleicht, weil jetzt alles so drängelt. Dabei kann ich gar nichts machen, wenn sie in die Computer schreiben. Der Schnee zog mich aber immer wieder hinaus, als würde ich heute alles das erste Mal bei Tageslicht sehen. Ich rutschte permanent in ein Gefühl wie Freistunde oder Winterferien, als bekäme ich unverhofft freie Zeit geschenkt.

Ich wollte noch zweihundert Dollar für das Bezahlen von kleineren Rechnungen tauschen, was ich tunlichst in einer Bank machen sollte. Also ging ich nach ein paar aufmunternden Worten an die zwei djewuschkas *(Mädchen)* wieder nach Hause, um das Geld für die Bank zu holen. Diese unverhoffte Zeitlücke wollte ich noch nutzen, um mich vom Camperdasein zu befreien: harte Wurst mit Brot, dazu Tütensuppen und Tee, ab und an ein Ei. Nun fand ich sogar Milch, in Tüten! Ein viertel Liter 26 Rubel. Die alten Frauen, denen wer weiß wie lange schon die Männer fehlen, gehen immer ganz nah an die Preisschilder heran, um sie lesen zu können. Ich erdreistete mich, acht von diesen kostbaren Tüten zu kaufen, aber es verwehrte mir niemand, – und ein halbes Kilo Butter, dazu mußte ich mich aber gesondert anstellen. O weh, eben kam ein Anruf, es ist 23.15 Uhr, von den zwei djewuschkas, daß sie immer noch da sind und mit unseren »Agenten« Anzeigen machen, und irgendetwas klappt nicht, puh! Jetzt rutscht mir mein Gewissen in die Hose, aber sie konnten vor Gekicher kaum sprechen. Heute ist übrigens Weihnachtsabend in Rußland.

Was ich Dir aber berichten wollte: Beim Butterkauf sah ich die Kunst, wie man echte Smetana *(Sahne)* aus riesigen Milchkübeln in kleine Marmeladen- oder Gurkengläser füllt. Das sind Gesten, wie sie fürs Theater benötigt werden: Die schwappervolle Kelle wird so schnell aus dem Kübel gezogen, daß der Tröpfelfaden reißt. In diesem Augenblick aber muß die Kelle auch schon über dem Glas sein und in der Abwärtsbewegung. Das sind die ersten Fachverkäuferinnen, die mir hier begegnen. Ich brauche also ein Marmeladenglas! Dann kaufte ich noch Tee, der aus der Packung rieselte. Eine Dame, die das beanstandete, bekam zum Beweis, daß sich da nichts machen läßt, noch zwei andere Päckchen hingestellt, und dann wurde sie angepflaumt. Vor dem Verkaufsstand traten wir in einer großen schwarzen Pfütze hin und her – und überall schöne Katzen.

Mit der Schönheit ist es hier auch so ein Ding. Das Straßenbild wird davon manchmal richtig zerschnitten: Entweder ist es ein Hund, der so edel daherkommt, daß Du Dich umdrehst, oder eine Dame von zwanzig überquert auf Dich zu die Straße. Ich unter meiner schwarzen Wollmütze bin absolutes Neutrum. Sie aber ist eine Epiphanie, mit langen Beinen unter dem Pelz, einer Pelzkrone auf dem Kopf, unterwegs zu irgendeinem Palast. Ob das die Mafiabräute sind oder Kurtisanen? Die Marina in Sorokins Roman ist viel echter, als ich überhaupt zu glauben wagte, die gibt's hier wirklich. In meinem verhaltenen Übermut tauschte ich das Geld dann nicht auf der Bank, sondern auf der Straße. Zwanzigjährige Kerle, wie die Müllfahrer gekleidet, riesige Ringe am Finger, sehr zuvorkommend, wirklich anständige – Gangster? Kerle? Studenten?

Meine einzige Arbeit war heute die Redaktionssitzung, und da habe ich nicht viel gemacht. Ich muß nur vorsichtiger mit manchen Äußerungen werden: Ohne mir dabei etwas zu denken, fragte ich meine liebe Jelena, ob sie die versprochenen Pasternak-Gedichte mit in die erste Ausgabe nimmt. Sie nickte wortlos, und ich sagte nur: bolschoje spassibo *(vielen Dank)*. Ich kapierte erst gar nicht, was es bedeuten sollte, als sie, die Schüchterne, aufstand: Inga! sagte und mir über den Tisch einen Kuß gab, – die anderen waren so im Gespräch, daß sie davon gar nichts mitbekamen.

Sie hat es auch fertiggebracht, daß wir die russische Erstveröffentlichung einer Simenon-Erzählung bringen können. Ich muß jedesmal an mich halten, wenn sie auf eine Frage, die sie nicht verstanden hat, nur mit einem ganz kurzen, ganz spitzen, sehr hohen: hm!!?!! reagiert. Da muß ich erst wieder Schwung zum Sprechen sammeln.

Als die Sitzung vorbei war, hatte ich erst recht keine Lust, noch zu arbeiten, und meinte, ich würde noch das Marinski Theater schaffen, wenn ich nur gleich losliefe. Die falsche Tatarin hielt mir einen Spiegel vor, was bedeutet: Dein Wunsch geht in Erfüllung.

Ich ging den Weg am Kanal entlang, über eine schmale Fußgängerbrücke, auf deren Holzplanken man mit einem Rutsch das andere Ufer erreicht. Der zugeschneite Kanal, die wandernden Enten darauf, überall Schnee, durch den Mensch und Auto schlingern, die hohen, alten Häuser, ein sehr heller, rosa Nachthimmel. Ich werde mich doch für diesen Kanalweg entscheiden, schaut mal, ob ich da einen großen Umweg gehe. Dort, wo er an die Sadowaja in einem weiten Bogen heranbiegt, verließ ich ihn und stand schon fast vor dem Theater, neben mir auf seinem Sockel Rimski-Korsakow. Ich überstieg den Damm von Straßenbahnschienen, und gerade, als ich dachte, dieser Schotter im Schnee sieht aus wie Vogelfutter in Talg, wäre ich fast unter die Hufe eines unbeleuchteten Pferdes gekommen, das da im Straßenschnee angetrabt kam. Der Reiter wippte sehr ordentlich in seinem Sattel. Ich war so in Eile, daß ich nur schnell vor dem Eingang eine Karte kaufte, als mir noch eine Karte angeboten wurde. Das neue Angebot sei besser, sagte zu meiner Verwunderung die Frau, für die ich schon das Geld herausgekramt hatte, einhundertsechzig Rubel, Parterre, zweite

Reihe vorn, – und so kaufte ich die andere Karte und vergaß auch noch, mich für den selbstlosen Ratschlag zu bedanken. Die Platzanweiserin brachte mich durch die Stuhlreihen nach vorn, und ich hatte eine Minute Zeit, mir Gedanken zu machen, was denn gespielt würde.
Ich hätte mir auch noch einmal Don Quichotte angesehen, aber es war etwas anderes: Eine Puppe, die als echte Lady unter die Leute gebracht wird und ein Liebespaar entzweit, bis die schlaue Lady entdeckt, daß es sich hier um eine Maschine handelt usw. Ich dachte an Hoffmann. Die Hauptdame war wirklich ein Ereignis, doch ohne sie, Coppelia, wäre es unerträglich gewesen. Armer Hoffmann. Die Tänzerin hat den Namen: Pawlowa.
Erst auf dem Heimweg fiel mir ein, daß ja heute der russische Weihnachtsabend ist; ich ging an der Kirche vorbei, die ich schon erwähnte. Im Park davor, auf der Straße, überall Hunde. Zwei junge, hochgestylte Doggen spielten vor mir auf dem Fußweg. Die Kirche hat zwei Etagen (St. Chapelle ist es nicht). Mich ließ sie eigenartig unberührt. Die Tür des Ikonostas öffnete sich, und es erschien – eine Leiter, von zwei Männern getragen.
Die Schönheit der Kanäle ist beunruhigend, kaum vorstellbar, daß sie so selbstverständlich und allgegenwärtig sind, daß es hier keine Verwüstung gegeben hat. Und den Enten gehört das alles.
Beim Brodskij habe ich zwei Essays ausgelassen, über Kavafis und Montale, beides Vorworte zu englischen Ausgaben, Montale kenne ich gar nicht, der schöne Inselband Kavafis ist mir aus dem Gedächtnis gefallen. Dafür Brodskij über Leningrad/Petersburg:
»An dem narbigen Granit der Uferwege neben dem immer strömenden, davonfließenden Wasser ist etwas, das die Schuhsohlen mit dem sinnlichen Verlangen nach Schritten durchtränkt. Der entgegenwehende, nach Algen duftende Wind vom Meer heilte nicht wenige Herzen, die an Lüge, Verzweiflung und Hilflosigkeit litten. Wenn das der Sklaverei Vorschub leistet, kann man dem Sklaven verzeihen.
Das ist eine Stadt, in der Einsamkeit irgendwie leichter zu ertragen ist als an anderen Orten, weil die Stadt selbst einsam ist. Man findet seltsamen Trost in dem Bewußtsein, daß diese Steinplatten nichts mit der Gegenwart zu tun haben, und erst recht nichts mit der Zukunft.«
Mein lieber Helmar, morgen bin ich eher auf den Socken, und dann bin ich bestimmt schon vor acht bei Euch; ich schmeiß Dir einen Schneeball auf die Bettdecke, umarme Dich mit ganzer Wärme

8. Januar 15:28 7/1/93

Hallo, mein Lieber, endlich bin ich da, als würde hier zu Hause etwas auf mich warten. Jetzt ist es schon Viertel zwölf, bei Euch Viertel zehn, und voller Mut habe ich mir Makkaroni in den Topf geschmissen. Ich danke Dir für Deine schönen Zeilen; wie ein KGB-Mann habe ich das Bild studiert, tatsächlich, Jutta aus Altenburg wirkt da noch sehr schlank, natürlich auch sehr zielstrebig, Theo zieht den Bauch ein, und Du folgst Juttas Schrittmaß, mein Lieber. In der ersten freien Minute werde ich mich dahin auf den Weg machen und die schöne, spitze Säule suchen.

Heute hatte ich nur Computerstunden, doch fiel es mir leicht, denn der ganze Schnee war schon morgens fast weggetaut, und als es wieder dunkel wurde, war gar nichts mehr von ihm da; ich hatte erwartet, heute einen einsamen Arbeitsweg zu haben, doch nichts war verändert, nicht ganz so viele Leute, doch der Bierkiosk hatte um neun schon Hochbetrieb, ein etwas wehmütiger Blick zur Nikolaikirche (wie ich jetzt weiß) und dem Kanal, als wäre ich gestern in einer anderen Stadt gewesen, sogar mein schwarzer Wautscher-Mann stand da. Die Makkaroni, ich weiß nicht, wie man Spagetti schreibt, es sind keine Makkaroni; vielleicht gelingt es mir, mich das erste Mal nicht zu überfressen, immer wenn ich selbst …

O weh, nicht nur der Bauch, mein Operettenkommunist hat so eine Blechpfanne, in der ich Wurst anbraten wollte. Noch nie habe ich solche Dunstwolken fabriziert, und als ich die Pfanne, in einen großen Handschuh gehüllt, wegnehmen wollte, stieß die Hitze da durch, und ich ließ die Pfanne stehen. Der Käse eignet sich aber unverständlicherweise für die S.-Makkaroni. Wenn ich in dieser fürchterlichen Wohnung ins Hinterzimmer laufe, zeigt ein Spiegel mich halsabwärts bis zu den Füßen, gerade den Teil des Körpers, der an mir nicht so ganz gelungen ist – als könnte ich die Makkaroni sehen. Es war heute so ein Tag, wie ich sie fast immer in Altenburg hatte und wie sie einen leersaugen, Gott sei Dank nicht mehr jahraus, jahrein. Hier geht es aber noch. Überhaupt läßt sich hier fast alles ertragen. Das einzige, womit es ab und zu hapert, ist die Technik. Aber man ist nachsichtig mit mir. Heute früh erhielt ich eine Standpauke, liebenswürdig lächelnd und in Russisch-Deutsch, »leicht-sinnnnnig« fand es Ljuba, was ich da mache, wir hätten doch so viel zu tun. Sie hatte gestern abend zu viel Kaffee getrunken und kaum geschlafen, dafür hat sie dann morgen Urlaub. Sie möchte noch solange mit ihrem Arbeitsvertrag warten, bis sie die erste Ausgabe der Zeitung gesehen hat … vielleicht hat sie recht, und ich bin leichtsinnig …

Nichts über die Zeitung, lieber erst darüber sprechen, wenn sie fertig ist. Zumindest habe ich manchen Artikel ganz gern gestaltet, nur der Foto-Mike bringt mir nicht genügend Fotos, und wenn, dann nicht die, die ich haben möchte, aber gestern, so erzählt er stolz, sei er 140 Kilometer gefahren... Fotografen ähneln sich manchmal. Zum Mittagessen gab es Buljon aus Ljubas Thermoskanne. Zur Unterhaltung hatte sie sich Fragen ausgedacht, die das Verteilen der Zeitung, die Kontrolle der Verteiler, das Anfertigen der Werbung usw. betrafen. Ich werde zwar kein Herzblut an dieser Zeitung lassen, aber so allmählich machen sie mir klar, was das hier eigentlich wird. J. faxt aus Dallas alle möglichen comics, die passen nicht in unsere literaturnaja gasjeta. Er wird sich umgucken, wenn er das Blatt sieht. Ob wir finanziell durchkommen, steht aber in den Sternen.
Als ich abends dann alleine saß, klopfte es an die Tür. Nina, die Pförtnerin, fragte, ob denn niemand zu Hause auf mich warte, heute sei doch Feiertag. Dann klopfte sie wieder an und brachte ein Mädchenbild von sich, selbst sichtlich beeindruckt davon, und dann ein Bild, darauf war sie vielleicht Mitte dreißig, schon mit abwärtszeigenden Mundwinkeln. Das fand sie auch noch sehr schön, und das tat mir leid. Es war offensichtlich, daß viel geschehen war. Dann schloß sie mir die Glastür nach draußen auf, wartete mit dem Herumdrehen des Schlüssels, bis »nje choroschije maltschiki« *(böse Buben)* vorüber waren. Dann entließ sie mich, indem sie zuerst auf die Straße trat.
Soviel Wodka wie auf diesem Nachhauseweg habe ich selten zuvor in meinem Leben gerochen, es hauchte einen nur so an. Es war schon halb elf, da standen immer noch die Reihen alter Mütterchen und priesen irgendwelche Sachen an. Vielleicht kommen sie immer erst abends, weil sie dann nicht behelligt werden, oder die Mafia räumt ihnen netterweise diese Zeit ein. Die Dollarmänner waren verschwunden. An den Kiosken aber konnte man noch alles kaufen. Die Leute bewegten sich wie an einem Sommerabend. Sie strebten auf die Straße, Pfiffe über die Sadowaja. Ich ging an drei Männern vorbei, die sich verabschiedeten und ihre Hände so ineinanderstießen, als wollten sie ein lebenslängliches moi drug *(Mein Freund)* verkünden, und ihre Oberkörper blieben ausharrend nach hinten gelehnt. Zwei Kerle begrüßten einen anderen gleichzeitig mit denselben Worten. Obwohl der Schnee weg war, gab es einen hellen Himmel, mehr Gelb als das gestrige Rot. Wahrscheinlich eine Mondnacht, doch den Mond sah ich nicht. Nur in dem Park gab es noch Schnee, weil er ja dort auch wirklich benötigt wird, und hinter dem Parkgitter sah ich immer noch Kinder rodeln.
Der gestrige Tag, an dem ich zum ersten Mal mein Haus bei Tageslicht sah, haftet noch ganz wortlos in mir. Als hätte ich gestern etwas erlebt, aber ich weiß

8. Januar 15:16 Die Nase für Priwet! *(Hallo!)*

nicht, was geschehen ist. Außerdem ist mir unklar, auf welchen Hof ich hier blicke, weil ich immer vorausgesetzt hatte, es sei der, durch den ich komme. Helmarchen, mein Lieber, ich wünsche Dir viele wache, hellwache Stunden, und mindestens acht, mit sanftem, von Jutta behütetem Schlaf. Ich falle jetzt um, dabei hatte ich noch so viel heute vor: aufs Klo gehen und baden, aber das wird halt alles nichts ...
sei innigst umarmt und auch Jutta

9. Januar 8:48 8/1/93

Liebe Nase, Du lieber Näserich,
Deine Nase tänzelt mir den Gribojedow-Kanal hinterher, auf ihren dünnen Beinchen bewegt sie ein solches Gewicht, daß sie mich manchmal bittet, ein wenig zu warten. Ich beuge mich dann übers Geländer zum Eis des Kanals hin. An der gegenüberliegenden Seite ist es noch ganz dünn und beginnt erst wieder zu gefrieren. Plötzlich höre ich ganz dicht bei mir ein Ausschneuzen – dann spucke ich aufs Eis, und weiter geht der Spaziergang. Kannst Du ihr nicht, sie bittet darum, es Dir anzutragen, obwohl sie in solchen Sachen sehr zurückhaltend ist, ob Du ihr nicht noch einen Schal, »so einen wie Du hast« (sagt sie zu mir), mitschicken könntest. Die Farbe ist ihr ziemlich egal, – oder vielleicht doch etwas Passendes zu den Schuhen? Allerdings ahne ich jetzt schon die Peinlichkeit, wenn sie mich bitten sollte, ihr den Schal umzubinden, und sie nicht dazu sagt, wie. Vielleicht fällt Dir dazu etwas ein. Schließlich bist Du ja nicht so leichtsinnig wie ich, schließlich hast Du sie ja auch hierher geschickt –, und ich danke Dir so dafür!
It was only work today, but it was beautiful. Nach der mehr oder weniger holprigen Anlaufzeit war es heute das erste Mal, daß wir alle zusammen wie die Heftelmacher arbeiteten. Es war wirklich schön. Ein paar Seiten sind schon fertig. Ich entdecke an mir plötzlich eine Sorgfalt und Achtsamkeit, als handle es sich um ein Geschenk für andere. Und sie sind auch sehr pingelig. Nicht zu früh frohlocken, aber heute hat es gezündet. Sie sind auch bereitwillig, mit dem Computer zu arbeiten, selbst Jurij, dessen Vormachtstellung von mir nicht angetastet wird, was er mir mit ständigen Rückfragen und Vergewisserungen dankt, fand ganz praktisch, was sich da alles machen läßt, obwohl er natürlich keinen Finger auf die Tasten setzte. Er kennt alle und jeden, dieses Männchen

9. Januar 11:39 Die Nase hat nun Stiefel und Schal – den Schal kann sie sich auch als roten Teppich auslegen.

mit seiner fleischigen Nase. Im Druckhaus kommen wir über die Gänge nur schwer voran, weil er ständig irgendwelche Weihnachtsglückwünsche austauschen muß, außerdem scheint er sich mit den Frauen gut zu verstehen, was mir allerdings unerklärlich ist. Unter vier Augen ist er dann sehr schüchtern. Wir waren zusammen Brot kaufen. Der Laden ist ein Eckgeschäft, vom Gostinij Dwor kommend, auf der rechten Seite der Sadowaja nach der ersten größeren Straße. Ich war froh, das Ende der in sich mehrfach geringelten Schlange gefunden zu haben, als ich auch schon gefragt wurde, ob ich denn der Letzte bin. Das Brot ist so gut, vor allem das tschornyj chleb *(Schwarzbrot)*, dieses dunkle Kastenbrot, daß es keine Strafe wäre (ich Prahlhans), bei Wasser und Brot zu leben, wenn nur das Wasser hier gut wäre. Denn das ist eine Katastrophe.
Wegen dieses Brotladens werde ich doch noch Russisch lernen. Über dem Regal, in dem sich die Brote stapeln und vor dem eine Verkäuferin auf- und abgeht – sie hat in ihren Bewegungen etwas von einem Tombolapreisverteiler: wie sie die Kassenzettel in Empfang nimmt und dann nach dem richtigen Brot sucht, bei mir legte sie sogar ein Brot der richtigen Kategorie wieder weg und gab mir ein anderes, – also über diesem Regal muß eine märchenhafte Inschrift prangen. Es geht um den Umgang mit Brot, denn sie beginnt mit der sagenhaften Anrede: »Genossen Käufer«. Noch weiß ich nicht so ganz wie, aber im Laufe der nächsten Wochen werde ich den Text herausbekommen –, und dabei ahne ich, daß er zwar fürchterlich klingen wird, unzeitgemäß wie ein Leninbild, aber daß er neben allem Terror auch irgendwo eine verschrumpelte nadjeshda *(Hoffnung)* hat, oder Du, mein Lieber, weißt es vielleicht, ist das noch so ein Erziehungsrelikt? Vielleicht bekomme ich doch erst einmal die Übersetzung.
Ich bin müde, es ist schon Sonnabend, aber es ist so eine Müdigkeit, die von außen kommt. Ich möchte Dir noch so viel schreiben. Als wolle man noch so viel laufen, aber die Füße drücken, und man ärgert sich über die Füße und nicht über den Weg.
Der Abstecher auf den Newskij war der erste Ausflug, den ich wagte. Trotz meiner schwarzen Wollmütze muß ich als Ausländer auszumachen sein, ich weiß nicht warum, hat mir jemand ein Schild auf den Rücken geklebt? An der Ecke des Hotels Europa bot man mir Tachometer an, dann rannte ein Maler vielleicht dreißig Meter hinter mir her, er wolle das Bild nur für sich, nur für zu Hause usw. Als ich das Antiquariat erreicht hatte, fand ich keine Tür. Plötzlich öffnete sich ein Verschlag, den ich verrammelt geglaubt hatte. Das Buch über Meyerhold ist eine wirkliche Entdeckung. Es ist der erste Teil einer Reihe über ihn, der zweite Band ist seiner Revisor-Inszenierung gewidmet. Daß ich im Hesse, ein so

schönes Fischer-Buch, drei Vierblätterklees fand, ist doch wohl nicht von ungefähr...
Auf dem Newskij findest Du dann wieder die alten Frauen und Männer, die betteln, wegen der Kälte waren es diesmal nicht so viele. Kinder sprechen einen an, please, one Dollar, zwei Suworow-Schüler, die Kadettenschule auf der Sadowaja, Ecke Newskij, wollten mir eine ihrer Uniformen verkaufen. Der eine riß seinen schwarzen Mantel auf und zeigte mir sein Matrosenhemd, das sei nice. Ich entschuldigte mich, mir würde das nicht passen, das akzeptierten sie dann auch, »sorry«. Weil ich Hunger hatte, aß ich für sechs Dollar eine »Bratwurst«. Ich hatte einfach Hunger, weil ich seit dem Frühstück nichts gefunden hatte, das ist ganz normal, aber ich hatte immer die Furcht, es könnte mich einer der Zeitungsleute dabei sehen. Ein paar deutsche Alternativtouristen mit altem Mantel und rotem Palästinensertuch hatten ganze Plattenstöße unterm Arm.
Ich war froh, als ich wieder in die Sadowaja einbog, als verließe ich eine Stadt und käme in die eigene zurück. Es ist alles so normalno, auch, daß der chudoshnik *(Künstler)*, der uns den Zeitungskopf macht und die Retuschierarbeiten, sich so inniglich bedankte für die fünfzig Dollar, die ich ihm über Jurij geben ließ (Jurij meinte, ich solle ihm statt der ausgemachten vierzig diese fünfzig geben, die zehn könne ich ja von seinem Lohn abziehen). Vorher hatte mich der chudoshnik kaum eines Blickes gewürdigt. Ich kann schon kaum noch über so etwas schreiben, es ist die hiesige Selbstverständlichkeit, und da hänge ich drinnen, trotz meiner schwarzen Mütze. Die Nase äußert sich klugerweise dazu gar nicht. Sie saß ganz still neben mir und wartete, bis ich die Bratwurst verschlungen hatte. Sie selbst sei nicht hungrig – sagte sie. An einem Kiosk sah ich grüne Bananen neben schwarzen Handschuhen zum Verkauf ausliegen, die grünen Finger der Bananen, die schwarzen der Handschuhe.
Den Heimweg nahm ich heute am Kanal entlang. Auch wenn mir der andere Straßenweg mittlerweile zum »Um die Ecke herum« geschrumpft ist, so war der Kanalweg ein Fest. Kleine Paläste wechseln mit fünf-, sechs-, siebenstöckigen Wohnhäusern. Hier werden sich die Häuser nie zueinander neigen, wie auf Julias Zeichnung von N.Y. Manche Felder des Kanalgeländers haben den tausenden Paaren und Flaneuren nachgegeben, die sich in den letzten zweihundert Jahren dagegengelehnt haben. Aber sie halten mindestens noch einmal zweihundert Jahre aus. Der Himmel war rot wie vor zwei Tagen. Vielleicht liegt es an den Verkehrsampeln, die das unterschiedliche Licht an den Himmel bringen, meinte die Nase. Nur zu den Außenbezirken hin verliert der Schimmer seine Farbe.

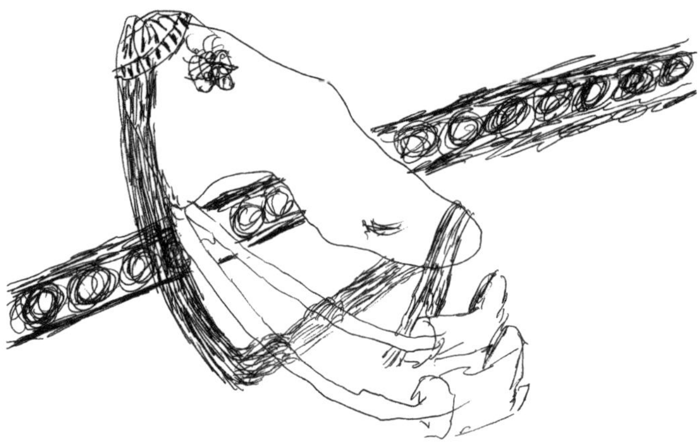

10. Januar 18:36 Nase unterwegs (mit unvollendetem Gitter)

Die Nase ist zu mir aufs Sofa gesprungen, ich sitze immer mit dem Schreibapparat auf dem Schoß da, das ist ganz wunderbar, und schnüffelt an meinem Billig-Whisky herum, den ich mir in den Tee kippe, um nicht ganz aus der Übung zu kommen, falls es mal wieder Grappa oder so geben sollte. Ihre Spitze, weißt Du das überhaupt, ist ziemlich kalt, was aber gesund sein soll. Nach hinten hin wird sie etwas wärmer. Sie langweilt sich, doch ich möchte nicht, daß sie fernsieht, aber vom Brodskij will sie nichts wissen. Ich habe ihr erlaubt, sich mit in mein Bett zu legen, aber mit den Nasenlöchern zur Wand, das pfeift ganz schön!
Schlaf gut, mein Lieber, bis morgen, nein heute, sei umarmt

10. Januar 8:22 9/1/93

Du Lieber,
wäre heute nicht der innigste Wunsch der Nase in Erfüllung gegangen, dann wäre das ein ziemlich mieser Tag geworden, ein sehr bekannter, schrecklich gewöhnlicher Arbeitstag. Solche Tage hauen mich platt wie eine Flunder, und wenn ich gerade wieder beim Luftholen bin, ist schon der nächste Schlag dran. Lieber hängte ich mich für diese Zeit an einen Haken und wartete, bis alles vorüber ist –, auch russische Werbung macht keinen Spaß, selbst, wenn ich zum Abschluß Werbung für einen Ballonfahrer hatte, der Flüge über Petersburg anbietet –, wäre das nicht was? Trotzdem, ich sehe es dennoch gelassen, als notwendigen Tribut, auch für meinen Leichtsinn.
Ich bin jetzt eine Woche schon von Euch fort. Dafür mache ich mir dann die Freude, mir manches Detail Eures Hauses vorzustellen, den Fußboden des Flurs, die Titel der Bücher im Regal neben Deinem Bett, den grünen Frosch am Fenster, die Lochmaschine, die als Fensterklammer dient, und so fort. Als Jutta heute abend am Telefon beschrieb, wie Ihr in Deinem Zimmer lagert, da überkam mich schwere Sehnsucht nach einem Liegestuhl, ich hätte auch den schwarzen genommen. Herzliche Grüße an Herrn Peter aus Petersburg. Ich sehe Dich in Deiner Fellmütze vor mir: Es würde sich sicherlich gut machen, legten wir unsere bemützten Köpfe gegeneinander, Dein Fell und meine Wolle, Du Russe, ich inostrannyj tschelowek *(Ausländer)*, Du Spezialist, ich nicht Kommunist.
Als ich heute die Tür zu dem Fax-Zimmer öffnete, sah ich erst einmal nur rot und rot – na ja, was dem einen seine Schnürsenkel sind, ist der Nase ihr Schal.

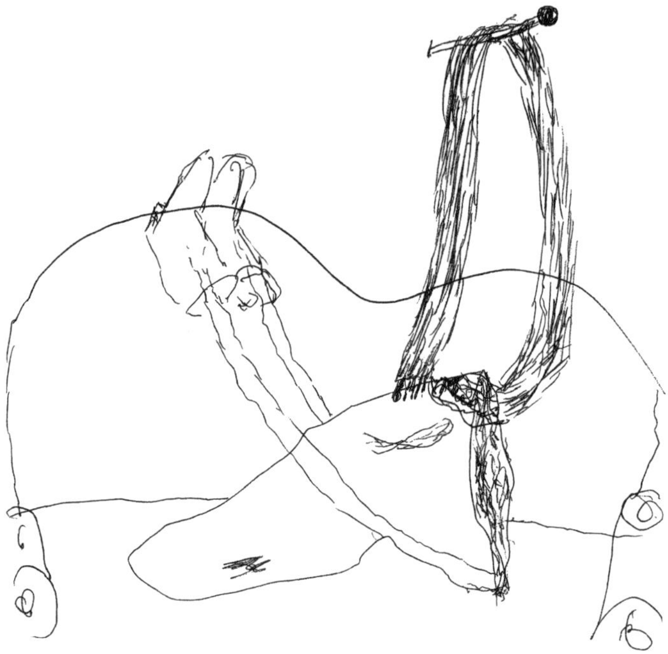

10. Januar 18:36 Müde Nase auf dem Sofa.

Keck ist sie dabei geworden, wie sie, einem Gummitwist-Springer ähnlich, das Laufen übt, unschlüssig, wie der Schal nun zu schlingen sei, ob als Läufer für ihren Auftritt oder mehr als Stola für die lady-like-Tour. Dabei erwischte ich sie, wie sie sich ihre Stiefel putzte, den Schal sehr geschickt zwischen linker Wade und rechtem Stiefelspann als Poliertuch reibend.
Die größte Freude aber, weil auch so unverhofft, ist ihr Käppchen: Das nimmt sie selbst im Zimmer und jetzt in der Wohnung nicht ab; ich rede da nicht viel, es wäre ja doch zwecklos. Das ist wirklich ihr schönstes Orthodox-Weihnachtsgeschenk. Ich habe nur noch nicht herausbekommen, ob ein paar ihrer Haare darunter hervorschauen oder ob sie zur Mütze gehören, doch Eindruck macht es so oder so. Über mich läßt sie wiederum anfragen, ob es Dir nicht möglich ist –, aber verwöhne sie bitte nicht zu sehr, Du mußt ihr nicht jeden Wunsch erfüllen, sonst könnte sie späterhin einmal leicht quenglig werden, – sie bei ihrem morgigen Sonntagsspaziergang auf Dir gemäße Art zu begleiten, denn ich habe ihr schon gesagt, daß ich morgen unmöglich Zeit habe, mit ihr zu gehen. Gern würde sie sich aufs Kanalgeländer stützen, an der Stelle, an der der Gribojedow-Kanal den großen Bogen macht, und von da aus den Sonntag beäugen und beriechen. Es ist ja ganz unglaublich, was sie alles erriecht. Sie unterscheidet sogar den Geruch von Dollar und Rubel. Für russische Männer hat sie nicht viel übrig, die duften nämlich nicht. Oder Du könntest ihr bei den täglichen Einkäufen helfen, hier haben ja auch am Sonntag die Geschäfte geöffnet. Sie will nämlich die kleineren Besorgungen für mich übernehmen. Allerdings hat sie das bisher nur gesagt, denn mit ihrem Schal will sie nicht so gerne auf die Straße. Geschnarcht hat sie übrigens letzte Nacht nicht, ich hoffe, Du hast auch so ein Glück wie ich.
Der Newskij ist jetzt auch als Arbeitsweg eingemeindet (der Weg zum einzig funktionierenden Kopiergerät der Stadt – one copy costs 40 cents). In der oberen Unterführung saßen drei Gitarrenspieler. Sie spielten für ihre langhaarigen Freunde, die sie dicht umlagerten. Fürchterlich ernst und traurig guckten sie. Die Paare schmusten miteinander, eine alte Frau kauerte an die Wand gedrückt am Treppenfuß, reglos wie eine angefahrene Taube. Vor dem Gostinij Dwor tobten die Hari-Krishna-Jünger im Kreis, zwanzig Meter weiter spielte ein estradnyj orkestr *(Estraden-Orchester)* seine auf- und abschwellenden, nie endenden Melodien. Fünf Männer, so um die sechzig, vier Tubabläser, der eine hatte sein Blech noch mit einem sackähnlichen Tuch eingehüllt. Die vier standen hinter ihrem frontman, dem kleinsten, dem Schlagzeuger, hager mit spitzem Kinnbärtchen, senkrechten Furchen in den Wangen, der einzige, der beim

Spielen Zeit hatte, sich umzugucken, dunkle Augen. Sein rechter Fuß wippte den Takt mit der Fußspitze, mit der Ferse den Zwischentakt. Seine Hose war die mit den meisten Spritzern. Zwei Tubabläser hatten schwarze Mäntel an mit echtem oder unechtem Persianerkragen, als hätte es in bestimmten Jahren nur diese Sorte Mäntel zu kaufen gegeben, so einen besitzt auch der Wautscher-Aufkäufer an der Metro, der heute aber frei hatte.

Eine kleine Demonstration von vierzig oder fünfzig Leuten zog den Newski empor, wie Mike, der agent, mir sagte, seien es Nationalisten. Ich kaufte mir endlich einen Stadtplan, in diesem vielstöckigen Buchhaus. Als ich den Preis an der Kasse dafür nicht wußte, schickte mich die Verkäuferin los, ich solle es gefälligst in Erfahrung bringen, – das war also meine Sache.

Da ich noch dabei bin, die Wochentage zu erkunden, wunderte ich mich, daß auch samstags abends wieder dieselben Frauen an derselben Stelle stehen, und es scheint, als hätten sie noch immer dieselben Würste in den Händen. Was ich aber für den Montag am notwendigsten brauche, ist ein Marmeladenglas: für die Komponisten-Milch und fürs Bier.

Ich habe in dieser Bude hier erst ein Mal abgewaschen, dennoch kenne ich schon fast sämtliches Geschirr von Jakuw – on komponist, nje spezialist *(er ist Komponist, nicht Spezialist)*. Sähe er seine Küche, er würde sich wahrscheinlich genauso ekeln, wie ich mich vor jeder Tasse ekle, die ich aus dem Schrank hole und manche gleich ins Becken stelle.

Die Wohnungsbenutzung ist kompliziert: vier Schlüssel, Alarmanlage und Anruf bei der Polizei. Mir reichte es heute so, daß ich plötzlich in der Küche stand mit dem unguten Gefühl, irgend etwas noch machen zu müssen, wozu ich keine Lust hatte: dann kam ich drauf, daß es das Öffnen der vor ein paar Tagen gekauften Fischbüchse war, die ich aus dem Kühlschrank genommen hatte. Triumphierend stellte ich sie wieder hinein.

Die Milch schmeckt hier völlig anders, wahrscheinlich noch mehr nach Milch. Aber vor jedem Schluck bin ich voller Gaumenspannung, ob nicht etwas so fremdartig schmeckt, daß ich es wieder ausspucken muß.

Ich las noch zwei Essays von Brodskij, über Ossip und Nadjeshda Mandelstam. Brodskij ist immer dann unübertroffen, wenn er von Dichtung spricht. Das andere grenzt an Banalität oder interessiert mich kaum, oder ich bin einfach zu doof dafür. »Kunst ist nicht eine bessere, sondern eine andere Art der Existenz; sie ist nicht der Versuch, der Realität zu entfliehen, sondern das Gegenteil: ein Versuch, sie zu beseelen. Sie ist der Geist, der einen Leib sucht und Worte findet. Im Falle Mandelstams waren es zufällig die Worte des Russischen. Für die-

sen Geist gibt es möglicherweise keine bessere Unterkunft...«. »Er war, ist man versucht zu sagen, ein moderner Orpheus: er wurde zur Hölle geschickt und kehrte nicht zurück, während seine Witwe, ein Sechstel der Erdoberfläche durchmessend, von einem Schlupfwinkel zum nächsten floh, den Kochtopf fest an sich gedrückt, in dem zusammengerollt seine Gedichte lagen, die sie sich nachts immer wieder hersagte für den Fall, daß sie von Furien mit einem Durchsuchungsbefehl gefunden würden. Dies sind unsere Metamorphosen, unsere Mythen.«
»Für sich genommen ist die Wirklichkeit keinen Pfifferling wert. Es ist die Wahrnehmung, die die Realität zur Bedeutung befördert.«
»Sie (Nadjeshda) wollte nur noch in ihrem Bett sterben, und in gewisser Hinsicht freute sie sich aufs Sterben, denn, ›da oben bin ich wieder bei Ossip‹. ›Nein‹, antwortete die Achmatowa, als sie das hörte. ›Da liegst du völlig falsch. Da oben bin ich's, die bei Ossip ist.‹«
Mein Lieber, jetzt ist es schon lang nach zwei, bei Euch schon nach zwölf, heute wird wohl kein Anruf mehr kommen, hier bimmelte es noch laufend,
laß mich in Gedanken Deinen Schlaf mit behüten, sei fest gedrückt

11. Januar 11:53 10/1/93

My Dear,
ich sitze hinter der Müdigkeit, als wär der Körper ganz leicht geworden; es war die Zurückkunft in ein vergessenes Leben, als ich aus dem TASShaus trat. Ich hatte es ja den ganzen Tag nicht verlassen, nicht einmal aus dem Fenster geschaut, plötzlich war es aber schwarz vor den Scheiben.
Deine Nasen sind so berückend schön –, aus welchen Himmeln nimmst Du das? Bei Euch ist es jetzt auch schon Montag, gegen zwölf sieht diese Stadt nicht anders aus als Dresden oder sonst irgendein Kaff. Hier scheint sich alles in Erwartung des montäglichen Weckerklingelns in die Zimmer zurückzuziehen. Ich sah den Newskij noch nie so leer. Die Ecke vom Gostinij Dwor war völlig vereinsamt, die dunklen Arkaden unbewohnt. Es blieb mir nur das dämliche Tschaika am Gribojedow-Kanal. Allerdings fiel mir in dem Moment, als ich mich an einen leeren Ecktisch setzte, ein, daß ich hier eine der Kellnerinnen kenne. Sie saß im Dezember neben mir im Flugzeug. Zwei Tage später erkannten wir einander im Tschaika wieder. Vielleicht waren es diese Gedanken, die sie an meinen Tisch führten. Im Flugzeug hatte sie einen Rock an und trug

die Haare aufgesteckt. Hier ist sie ein unscheinbares Mädchen in Jeans, das dieses Uniform-T-shirt tragen muß, wie die übrige Bedienung. Sie war ganz zutraulich und fragte gleich los, nachdem sie sich vergewissert hatte, ob ich auch etwas Russisch sprechen würde. Zumindest brachte mir das – ich hatte doch Hunger – neben den sausages, ich wußte in dem Moment nicht, was das denn sei, auch noch ein, daß ich eine Gulaschsuppe serviert bekam, mit viel Petersilie oben drauf. In diesem holzvertäfelten Laden sitzen da auch Damen, die auf ihre Geschäftspartner warten. Sie haben einen eigenen Tisch, von dem aus man sie ordern kann. Die Röcke rutschen ihnen bis an die Hüfte, wenn sie die Beine übereinanderschlagen. Unter ihnen, alle schwarz gekleidet, war eine ganz Dralle in kniehohen Stiefeln, die mit ihren bunten Augen in die Runde glubschte. Ihr Wangenfleisch bebte beständig unter dem Abkauen eines Kaugummis. Ihrem Körper zum Trotz strahlte sie in einem Selbstbewußtsein, das die anderen Damen zu Anfängerinnen degradierte; wahrscheinlich wird sie hier als Liebhaberstück gehandelt.
Vor mir hatte sich ein Russe eine schwarz Beseidete an den Tisch lanciert. Wahrscheinlich war es die Aufregung, die seinen rechten Mundwinkel in die Höhe zog. Seine Beine flohen unter dem Stuhl ganz weit nach hinten. Ich sah nur ihren Rücken, und wie sie nervös das Haar nach hinten warf. Nur einmal wurde es interessant, als sie für einen Moment ihr Haar nach oben strich, so daß der Hals zu sehen war. Drei bebrillte Japaner konnten sich anscheinend nicht so recht entschließen. Das einzige ausgegebene Geld, um das es mir leid tat, waren die 25 cents für Abreißstreichhölzer. It's nothing, I know, aber dafür kaufst Du zwanzig Schachteln spitschki *(Streichhölzer)*, und die werden Dir auf jeder Kiste in der Sadowaja angeboten. Als ich wieder auf die Straße kam, riefen gleich zwei Stimmen: »Taxi?« Ohne die Rufer je gesehen zu haben, rief ich das »Spassibo« ins Nirgendwo zurück und machte mich auf den Weg, vorbei an einem Kind, das auf einer Kiste saß und kippelte und mich etwas fragte, was ich nicht verstand. An der Metro-Ecke, die fünfzig Meter zum Newskij vor, standen etwa noch vier Kerlchen seines Kalibers, alle so um die zehn bis zwölf. Die warme Metroluft kam aus den offenen Stationstüren. Es war vielleicht halb zwei. Ich überquerte den Newskij. Die einzigen drei Autos weit und breit standen gezähmt nebeneinander und warteten mein Grün ab. An der Kasaner Kathedrale vorbei, ging ich auf dem linken Kanalufer den Gribojedow entlang. Irgendwann mußte ich ja nach Hause kommen. Drei Kerle folgten im Abstand von zwei, drei Metern einem Mann, der etwas hinkte, zwei gingen auf dem Gehweg, einer etwas weiter weg auf der Straße. Ich drehte mich noch ein paar Mal um, aber sie gingen

immer weiter so, hoffentlich. Bisher war ich immer nur auf der rechten Seite gegangen, weil ich gern über diese kleinen Hängebrücken gehe, die von geflügelten Löwen mit ihren Mäulern gehalten werden. An der Stelle, schon ziemlich nah bei mir, an der sich der Kanal dann wieder nach rechts wendet, kamen mir zwei Schäferhunde und eine schwarze Dogge entgegen. Gut dreißig Meter hinter ihnen schlenderten zwei Frauen, die gerade an ihren Zigaretten sogen, als ich an ihnen vorüberging.
Wenn Dir einer begegnet, dem die Brille vom eigenen Atem beschlägt und der unverfroren einfach in den Nachthimmel gähnt – weißt Du ja, wer da kommt. Der hat heute sogar zwei wesentliche Varianten seines Namens erfahren: »Ingoschee – das ist bolschoi, grosssses Ingo, aber lieber sagen: Ingotschka – ponimajesch? *(Verstehst Du?)*« (O-Ton Ljuba).
Lieber, ich plumpse ins Bett, kann länger schlafen morgen, weil ich nämlich kein Brot mehr habe, und die Wurst ist auch alle, also kein Frühstück. Die Nase war schon eher nach Hause gegangen. Heute will ich mit ihr ein paar Wege gehen, Du hörst von uns, sei gestreichelt und umarmt

12 . Januar 8:34 11/1/93

Helmar, mein Lieber,
es ist zum Auswachsen. Ich habe jetzt wie ein Verrückter versucht, Euch anzurufen, aber es geht überhaupt nichts mehr, kein Durchkommen, keine freie Leitung oder alles besetzt. Ich komme mir hier das erste Mal verlassen vor. Wäre das immer so, dann könnten wir ja damit umgehen, aber so ein unerwartetes Abgetrenntsein ist scheußlich, und so drücke ich wie süchtig immer wieder auf den Knopf, der die hot line zu Dir freigeben soll, und – versuche es noch einmal, und noch einmal, ein irrsinniges Spiel, für das es keinen Vergleich gibt, es reißt einen aber so aus dem Boden heraus …
Genug geklagt.
Du Lieber, ich werde mich schon nicht zu früh hier herauslösen, aber mit einer mir selbst unbekannten Gewissenhaftigkeit steuere ich alles darauf hin, das Perpetuum mobile in Schwung zu bringen, um Zeit für die Nase zu haben, nicht immer nur so zwischendurch. Und so versuche ich mich zäh im Organisieren und besänftige die Ausflippaugenblicke auf der Stelle, wenn die hiesigen Amtsgänge einem den Schweiß aus den Füßen treiben, so ein Kotz, denn hier Geld

auf einem Konto zu haben, bedeutet weiß Gott nicht, daß Du darüber verfügen kannst. Das läßt sich nicht einfach abheben, aber vor Drucklegung wollen sie das Geld und in dieser Woche noch »cash«, sprich: kaschsch, denn eine Überweisung dauert wiederum mehrere Tage. Dazu will aber die Bank die Rechnung sehen, die sie nur schreiben, wenn die Zeitung gedruckt ist. Ich habe es eben wieder versucht mit dem Telefon, es ist zum Heulen, ich wähle eine acht, dann muß ich warten – immer blökt das Besetztzeichen, Hoffnung, wenn der, die, das Tut nicht gleich zu hören ist, dann könnte es möglich sein, daß es gleich fiept, dann jedoch muß es dreimal knacken, so ordentlich, als wäre die Leitung unterbrochen, und der, die, das Tuuuuuuuuut kommt hinzu. Aber das ist penetrant auch nur ein tutututututut; sollte es anders sein, wer glaubt denn das noch, dann die Nummer, den safe-code; dafür habe ich mühelos die Meisterschaft eines Pianisten entwickelt, der alle Noten weggeworfen hat: Das große Bangen beginnt erneut, weil ich wieder einen Knack brauche, der zwar meistens kommt, doch nur einen winzigen Moment andauern darf: Wenn der verpaßt ist, bei Gott! stürze ich durch ein weiteres simples Klick in die transkontinentale Abfallschüssel für übriggebliebene Telefonate – world wide. Ein Traum geht in Erfüllung, sollte es nach dem ersten Aufsetzer ein zwei- oder dreimaliges Landeklicken geben – denn dann schaltet sich Euer Apparätle ein (the so called Faxmanager) und verkündet (stop smoking): »Bitte warten, der Teilnehmer wird gerufen«, und dann die Ankunft. Da das aber alles nie zusammenspielt, habe ich schon Entzugserscheinungen. Denn die Möglichkeit, Dich, Euch zu hören, treibt mich immer wieder zurück zu diesem Glücksspiel – nichts geht mehr –, es kratzt mir jeglichen anderen Gedanken weg, so daß ich schließlich, sollte all das aus irgendeinem unwahrscheinlichen Grunde zusammentreffen, wie ein hechelnder Idiot am Telefonhörer kleben werde, nicht mehr wissend, daß es so etwas wie Worte und Sprache gibt, von jeglicher Mitteilung zu schweigen. So eine Scheiße! Wer hält das aus. (Entgegen meinem Vorsatz habe ich es wieder versucht.) Dabei wollte ich Euch zu Spaghetti mit Ketchup einladen (auf einem Jutta-Fax war das Wort »S.« nach der Dudenregel abgebildet), dann zum Aufessen meiner Reste, damit ich nicht so einen plenus venter bekomme, dann versuchte ich die Koketterie, aus der Badewanne zu telefonieren (wäre eine Premiere geworden), scheiterte ebenso kläglich, und jetzt die ganze Zeit vom Sesselzimmer aus.
Der Chef von Lenisdat, dem einzigen Zeitungsdruck der Stadt, ist ein Petersburger Herrscher, der sich vor Revolutionen fürchtet. Auf seinem kleinen, gutbetuchten Körper trägt er einen Kieselstein als Kopf, rund, glatt, alterslos – aus einer gleichmäßig rotumrandeten Öffnung im unteren Drittel quirlt Sprachliches, ein

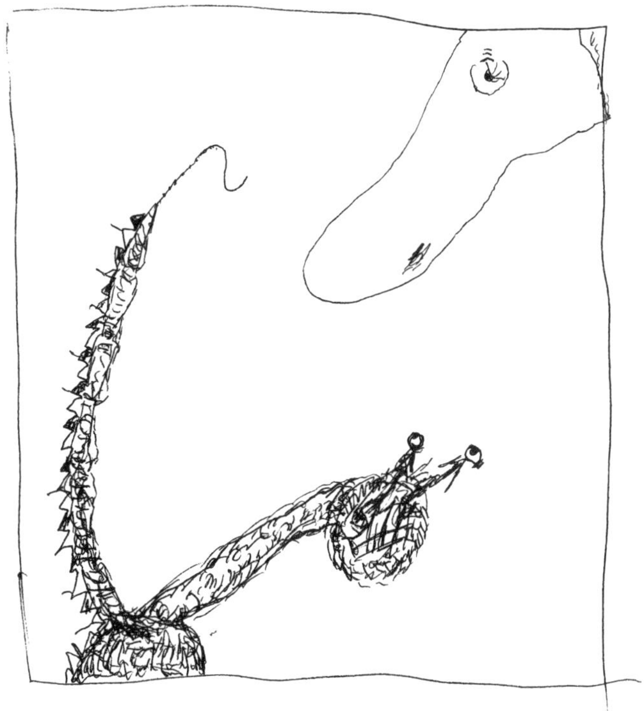

12. Januar 14:40 Nos begegnet einem Telefon von der unheimlichen Art. (12. Januar)

wenig Bedeutung kneift er sich ab und zu in die kurze Stirn, angedunkelte Brille. Den meisten Ausdruck verbreitet seine Armarbeit, Jackettärmel, die ständig auf etwas losfahren müssen. Zum Abschied gab er mir mit so viel Verbindlichkeit die Hand, als hätte er mich die ganze Zeit übersehen, und das sei doch unhöflich. Da ist nicht viel mit Gesichter beschreiben, mein Lieber, da war einfach keins da. Heute rumorte die Stadt, der Schwarzmarkt drückte sich vom Fußweg so weit auf die Straße, daß die Straßenbahn hupend warten mußte. Auf dem Rückweg von Lenisdat (ein kurzer Weg von der Fontanka, gleich neben dem dramatischen Theater auf der hiesigen Newski-Seite), geriet ich absichtlich in einen Schwarzmarkt, an dessen Rändern mit Waffen gehandelt wird. Es regnete den ganzen Tag – jetzt scheint sich das Bettquietschen über mir mit dem Regen, der seit einer halben Stunde gegens Fenster fliegt, auf einen Ton gestimmt zu haben –, und ich watete durch den Matsch. Sie stehen nebeneinander und haben statt Pappkärtchen mit Dollar oder Wautscher Pistolenabbildungen angeknipst. Im Vorübergehen bekam ich ins Ohr, ob ich nicht Patronen benötigte. Einen Tschaika hätte ich für 30.000 Rubel kaufen können, das sind nur wenig mehr als 60 Dollar. Die hatte ich in der Tasche, nicht mal hundert Mark. Aber ich werde mir wohl doch erst eine Pistole kaufen und Patronen und gehe Komponisten erschießen (ohne zu fragen, hat er meinen Mülleimer geleert, wird sich schön geekelt haben vor seiner Küche, war sogar mir zu viel, als hätte ich einen Roman geschrieben und für nichts anderes Zeit gehabt, dabei wasche ich so gerne ab – ich suchte heute auch einen Augenblick nach dem weißen Feueranzünder ...). Da ich in einer Macintosh-Kiste die fertigen Zeitungsseiten transportiert hatte und ihn nun leer unterm Arm trug, gehörte ich schon dazu und tauschte den besten Kurs überhaupt: 1 Dollar zu 490 Rubel. Es muß gerumpelt haben, denn am Abend sah ich bei einer Bank, daß sie schon für 488 aufkaufte. Bei einer anderen waren es mittags noch 465. Ein Mann zog ein Stück regendurchtränkte Pappe vom Standdach und schmiß sie auf den Boden. Und da sah ich die verrückteste Bude überhaupt. Ich konnte nicht so lange gucken, aber wie sich das Ding hielt: Irgendwie war aus Blechkisten, Ästchen und Metallstangen ein Warentisch fabriziert worden. Darüber hatten sie ein Dach errichtet, auf dem Kartonpappen wie Palmenwedel lagen. Traurig, ich versuche immer noch, Dich anzurufen, aber jetzt liegt's irgendwie an germany, versuchte schon andere deutsche Nummern, immer dasselbe, das ist ja noch viel schlimmer als zuvor, ist denn schon der Ostwall errichtet? Sollte das heute überhaupt nichts mehr werden?

Ein Alter, der im Regen saß, trug mir sein Steckschachspiel an, nur 200 Rubel, ich kaufte es, wollte ihm 500 geben, doch er machte so ein Spektakel, daß ich

11. Januar 18:03 Nase im beneidenswerten Genuß von Dunhill … (11. Januar)

mir herausgeben ließ. Und dann fand ich auch noch fünfzig Rubel im Matsch, ich hätte sie liegenlassen sollen wie einen Bodenschatz.
Dann gab es eine Standreihe, für die man zehn Rubel Eintritt bezahlen mußte. Es war wie im Theater. Vögeln gleich saßen sie dichtgedrängt unter langen Zeltdächern und sahen betrübt zu den Kunden auf, die sich so dicht hier hindurchdrängten wie in den Gassen von Venedig am Tag vor Weihnachten. Textilien boten sie vor allem an und dann die Zigaretten: 4 Dollar für 10 Schachteln Dunhill! Dort erstand ich auch das Kilo Ketchup, das einzige auf dem ganzen Markt. Noch lebe ich. Zum ersten Mal fielen mir Südländer auf. Sie hatten aber keine andere Ware als die »weißen« Frauen und Männer. Der Torbogen, durch den ich die Sadowaja wieder betrat, war dunkel. Plötzlich lief ich über etwas ganz Weiches – feiner Schlamm, der getrocknet war und das Gehen für Augenblicke sanft und unheimlich machte.
Hundert Meter weiter bekehrten zwei in Weiß gehüllte Jünglinge die stehengebliebenen Passanten zur »Mutter der Erde«. Das klingt ja ganz gut, aber leider war die junge Dame auch abgebildet. Natürlich um vieles schöner als der Papst, aber sonst ganz der »Papa«.
Heute früh erhielt ich von der Deshurnaja, es ist die Alte, die mir ihr Jugendfoto zeigte, ein Lesezeichen geschenkt. Eine Abbildung von Leningrad, wie sie betonte. Dann holte sie aus der Tasche Papiere hervor, und ich sollte ihr erklären, was das sei: Einmal war es das Einwickelpapier von Palmin, das andere zwei verschiedene Mehltüten deutschen Fabrikats – bunt und schön bedruckt.
Die Kantine ist eine Oase in diesem Haus, jetzt hat sie wieder regelmäßig geöffnet. Das Design entspricht so dem Beginn der Sechziger, Stuhlsessel mit einem einzigen Halbrund als Rückenlehne, und von den Ecken kraken die vier dünnen Beine in den Raum. Hier scheint es allen so zu gehen wie mir: meistens hungrig –, und ich habe keine Hemmungen, es ihnen gleich zu tun: Die Gabel schaufelt ständig in den Mund, ein Stück Brot dient als Aufsaug- und Aufschiebevorrichtung, Kauen und Schlucken sind ein automatischer Prozeß. Man muß nur zusehen, daß ständig hineingeschaufelt wird. So wie die Unterarme aufgestützt werden, ob mehr bei den Ellenbogen oder mehr bei den Handgelenken, fallen auch die Bewegungen des Oberkörpers aus, der das Gesicht tief über den Teller beugt und von dort die entgegenkommende Gabel aufschnappt. Ich kann es nur noch nicht so schnell. Es gab Plok, oder so ähnlich, das ist Reis, unter den Fleisch gemischt wird. Ich nahm mir noch Kraut dazu, Brot, eine Tasse Tee (sladkij) *(süßen)* und dann die fünfzig Gramm zur Abhärtung, und damit ich nicht aus der Übung komme.

Ich bin ganz unkonzentriert, dieses Telefon, morgen abend versuche ich es nicht mehr, zumindest werde ich es mir einreden, daß ich es nicht mehr versuche –, und jetzt gehe ich schlafen, zerknirscht, ich muß morgen leider doch schon wieder um neun (für mich ist um zehn die normale Zeit geworden) bei TASS sein, weil wir jetzt Wege zum Bezahlen der Rechnung finden müssen.
Ich drücke Dich an mich, hoffentlich wartest Du nicht zu sehr auf den Anruf, ich könnte die Wände hochgehen!

13. Januar 13:36 12/1/93

Du Lieber, es war heute wieder so schön, mit Dir zu sprechen; hoffentlich hast Du etwas von Deiner morgendlichen Kraft in den Tag retten können. Die »Nos« lebt sich ja in unerwarteter Weise aus. Wie sie so daliegt und raucht, das macht sie mir nach. Aber wußte sie, daß ich heute mit einem Glas losgezogen war, der Nescafé befindet sich jetzt in drei Trinkgläsern, um endlich die begehrte Smetana zu ergattern: und dann war das Geschäft schon sakryt *(geschlossen)*. Aber morgen wird es bestimmt, und vielleicht kann ich auch in einer Thermoskanne etwas mitbringen, wenn ich das Flugzeug besteige.
Nos ist immer sehr müde, das viele Herumlaufen strengt sie an, und ich weiß nicht, ob ihr das Rauchen so unbedingt bekommt. Doch die Bewunderung für ihre Rauchzeichen ist so groß, daß sie immer wieder von neuem beginnt. Du Lieber, ich schaue sie mir immer sprachloser an. Außerdem verwöhnt Ihr mich zu sehr: Als ich gegen fünf zurück zu TASS kam, schaute ich schon erwartungsvoll zum Fax – und welch Jubel! Das Maschinchen zeigte an, daß es noch was in petto habe, und blinkte mir sein »receive in memory« zu. Dann spielte sich nach meinem Klingeln an der gesicherten Tür des technischen Direktors etwa folgendes ab: »Hi Inga, schto ...? nje rabotajet? ... potschemu? ... *(Hi Ingo, was ...? Arbeitet nicht? ... Warum? ...)* aha-aha-aha-aha-aha ...« – einen halben Kopf kleiner als ich, war er an mir vorbei und schritt derart los, daß es auf Kniehöhe seine Anzughosen erbarmenswürdig beutelte. Ich folgte in seinem Windschatten und spürte wieder einmal, wie sich meine gesamte Masse in Lethargie umwandelte. Als ich ins Zimmer kam, stand er schon »aha-aha-aha ... bumaga ... aha-aha ... njet *(aha ... kein Papier!)*«, die Hände um das Gerät fingernd, da. Es geht immer gerade noch gut, wenn er aus einem oder zwei Wörtern versucht, die Aussage zu bilden. Bei vollständigen Sätzen verschieben sich die Wörter inein-

12. Januar 14:40

Nos träumt den Traum der süßen Moldau. (12. Januar)

ander, daß selbst Russen ihn beständig um Wiederholung bitten. Da der bedauernswerte Oleg Dawidowitsch Schumsky gerade im Zimmer stand, fühlte sich »aha-aha« (das »a« solltest Du Dir so stimmlos wie nur möglich vorstellen, nicht halbtrocken, sondern trocken) etwas gehemmt. Deshalb stand er mir für einen Augenblick stumm gegenüber, ohne daß seine kleinen, dunklen Augen, die wie Rosinen in die weiße, reinrasierte Haut eingedrückt sind, den feschen Ausdruck des »Ich kann das, nimm mich, ich erledige schon, schon gut, aha-aha« aufgegeben hätten. Alles spannt bei ihm von innen heraus, so daß sich kein Alter in seinen Poren festsetzen kann. Ich bräuchte seinen Paß, wollte ich ihn genauer zwischen dreißig und vierzig einordnen. Gehemmt war er aber nur insofern, als er das Kommunikationssystem gewechselt hatte, denn ein Zeigefinger, der sich aus seinem linken Ärmel hervorwagte, schien mich an ihn heranzuwinken, was aber schlecht die wirkliche Bedeutung sein konnte. Also folgte ich ihm aus dem Zimmer heraus. Damit nicht genug: »Nunununununu otkroitje.« *(Nu machen Sie auf.)* Damit meinte er unser zweites Zimmer. Seine Rede begann aus der Hüfte heraus, und er beendete sie mit erhobenen Händen – die Handflächen mir zugewandt, deren rechte dann die Finger in kurzem Rhythmus auseinanderspreizte: fünf Finger, fünf Finger, fünf. Der Text dazu: Er (TASS) hat Papier, wir nicht, wir haben fünf DM, er nicht. Das war wenigstens eine Lösung. Daß wir uns dann auf drei Dollar einigten, lag nur daran, daß ich keine »Doitschmakk« bei mir hatte. Er brachte die Rolle prompt: in der Hosentasche unterm Jackett. Er verdient bei TASS fünfzehntausend Rubel. Heute ist der Dollar sogar über die 500 Rubel hinausgeschossen. Und nun habe ich Nos auf dem Papier, das er in der Hosentasche hatte. Das war ein gutes Geschäft.
Oleg Dawidowitsch Schumsky wird langsam melancholisch, weil er der Chef des schönsten Autohauses der Stadt ist, nur daß er kein Geld hat, es zu bauen, und daß die Jeeps und Chryslers nicht eintreffen wollen. Und nun muß er sich auch noch um die Bezahlung unserer Zeitung kümmern, weil er die Vollmacht für das Konto hat, von dem aus man gerade etwas überweisen kann; außerdem gefällt Oleg Dawidowitsch der Umtauschkurs nicht, er würde lieber noch warten. Oleg Dawidowitsch muß mehrere solcher Probleme in seinem »bjusinis«- Leben gehabt haben, denn sein großer, schlanker Körper knickt an den Schultern zum Buckel noch vorn. Nos schaute ihn schon ganz interessiert an, weil die Partie zwischen Augen und Mund eindeutigen Vorrang in der Ausprägung hat und sehr lang ist, was sein Gesicht auf einen enttäuschten Grundton stimmt. Sein Kinn hält allerdings energisch dagegen, und wenn er spricht, weiß man nicht, ob Mund oder Nase weiter heraustreten. Oleg Dawidowitsch trägt zu jeder Tages-

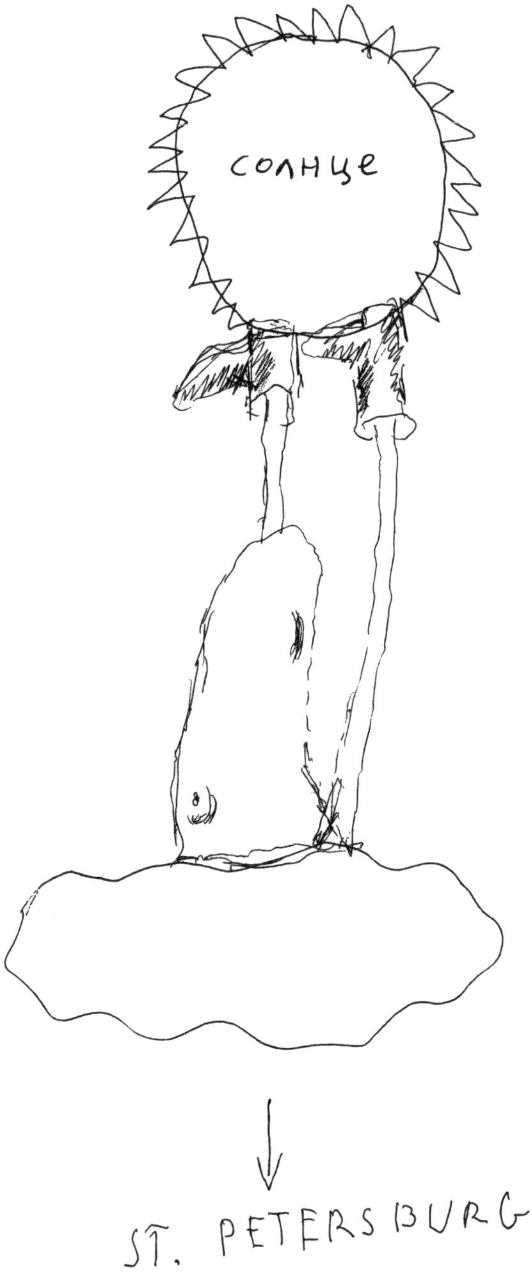

13. Januar 18:26

Sonne (13. Januar)

zeit seinen »Schtamp« und ein Pelikanstempelkissen bei sich, so wie andere Zigaretten und Streichhölzer. Gern sähe es Oleg Dawidowitsch, daß wir noch einen administration-director einstellen würden, um ihn zu entlasten. Was der dann zu tun hätte? Na, die Bankangelegenheiten regeln. Vielleicht hat er recht. Aber ich habe erst einmal widersprochen, und dann schweigt Oleg Dawidowitsch. Er ist der Präsident von Americar, nur daß eben noch keine Autos da sind.

Von Nowosti ging ich zu Fuß zurück. Nos, die gern überall mit hinkommt, zumal, wenn ich ihr eine Autofahrt versprechen kann, brauchte den gesamten Schal, um sich gegen den Seewind einzuwickeln. Wir beide gedachten in tiefer Dankbarkeit Deiner Um- und Voraussicht. So zogen wir etwas windschief am Kai entlang, vorbei am Sommergarten, und dann die Sadowaja, die bis an die Newa heranreicht. Die Enten aus dem Kanal am Sommergarten saßen an der Haltestelle, mitten unter den Wartenden. Dann vorbei an dem großen Palais, in dem Dostojewskij zur Schule ging, eine ehemalige Ingenieurschule, ein traumhaft schöner Bau, rot angestrichen, vorbei an den Hari-Hari-Krishnas, durch die Unterführung zur Sitzung mit den Agenten (ich war in bester Laune, denn die neuen Nos waren gerade angekommen).

Die agents hatten Kuchen mitgebracht, der wässern schmeckte, aber es war ein ganz, ganz wunderbarer Kuchen – really. Gegen diese Mädchen kommen mir die Altenburger agents fast etwas schwerfällig vor. Diese hier scheinen alles zu wissen –, und wenn sie fragen, dann bin ich froh, weil ich es vergessen habe zu sagen. Ich mühte mich, es so zu machen, wie Du gesagt hattest – nach fünf Minuten meinten sie dann, »Please, Inga, speak english!« Ich hatte sie wohl doch zu sehr gequält. Dem besten Wochen-Agenten versprach ich eine Prämie, und als ich es aussprach, hatte ich den Eindruck, hier einen Virus einzuschleppen. Sie verstehen sich untereinander allem Anschein nach sehr gut, und die meisten kommen auch aus einer Klasse. Deshalb fügte ich hinzu, daß jeder fünf Dollar erhält, wenn sie zusammen das und das schaffen. Jetzt kann ich nur noch warten.

Am Morgen sah es so aus, als würde ich hier zum ersten Mal die Sonne sehen. Der Himmel war gegen zehn fast unbedeckt, doch die Sonne stand noch zu tief. Dann zog sich wieder alles zu. Diese Dunkelheit ist vielleicht daran schuld, daß ich für alles hier so lange brauche. Ich könnte jeden Tag bis zehn schlafen, und die täglichen Wege fressen Zeit. Ein Gespräch, das normalerweise in einer Stunde abzuhandeln wäre, dauert für mich manchmal drei, weil ich mir die Worte zurechtlegen muß. Im übrigen gelten alle Wegzeiten für Fußgänger. Das Wochenende habe ich frei und will dann loswandern.

Nach Deinem heutigen Fax habe ich mir den Montale natürlich wieder vorgenommen.

14. Januar 8:19 13/1/93

Mein Lieber, das war mir heute überhaupt nicht egal, das Fax aus der Hand zu geben, noch dazu in die Abteilung des technischen Direktors. Aber es war wie die Erlösung von einem Alptraum, als sie mir das Sendeprotokoll brachten. Ihr wart ja wunderbar, daß Ihr nicht an das Telefon gegangen seid. Der »Faxspezialist«, ein langhaariger Kammerdiener, der in nach außen getretenen Sandaletten herumschlurft und beharrlich die schmalen Lippen kneift, als stecke eine Papyrossi darin, war sehr geduldig, wählte dann Eure Nummer selbst immer wieder, und ich mußte mein Ohr an das seine heranschieben. Denn vielleicht hättet ihr ja auch abgenommen. Fax – nje normalnyj *(nicht normal)*. Morgen früh will er es mir reparieren, solange faxen wir halt auf TASSkosten.
Für Nos ist es aber immer empfangsbereit, so hoffe ich jedenfalls.
Heute wollte ich Dir von einem Besuch im Russischen Museum schreiben, aber es wurde dann doch zu spät, und ich ließ es bleiben. Außerdem machten mir die 1 ½ Wassergläser mit fürchterlichem Cherry Brandy zu schaffen. Und so blieb heute alles bei einem Minimalprogramm. Morgens die Fontanka entlang. Ich lief fast eine halbe Stunde bis zum Druckhaus, mißmutig gestimmt, weil ich nicht zu Dir durchgedrungen war. Ich muß noch einmal die »Weißen Nächte« lesen oder auf Eurer Kassette hören, ob es nicht genauere Beschreibungen des Treffpunktes der beiden gibt, aber die Fontanka ist es mit Sicherheit. Auf der anderen Fontanka-Seite reiht sich ein Palast an den anderen, ein paar Bürgerhäuser an den Brücken, das vierschlotige Kraftwerk, und die rasenden Autos. Es sind immer nur die kleinen Bilder am Straßenrand, die ich Dir berichten kann. Ein haltendes Auto, dessen Fahrer sich aus der geöffneten Tür lehnt, so weit, daß er sich mit einer Hand auf die matschige Gehsteigplatte stützt, den Kopf immer tiefer senkt, bis er unter das Auto schauen kann. Eine Telefonzelle, der die Scheiben ausgeschlagen sind und deren Tür offen steht – eine Bettlergeste. In einem durchsichtigen Plastebeutel wurde ein gerupftes Hühnchen an mir vorübergetragen, dessen Fußkrallen aus der Faust, die die Tüte hielt, herausragten.
Oleg Dawidowitsch schien sich für meine gestrigen Zeilen rächen zu wollen,

denn er und das notwendige Bankpapier waren nicht da, das heißt, die Zeitung wird nicht gedruckt, das bedeutet, das bedeutet … Alle waren sie versammelt, Agent, Vertrieb, Redaktion, und ich stand unter meiner schwarzen Mütze da und war wortlos. Sie trösteten mich, statt mir Vorwürfe zu machen, schoben alles auf das russische System, das in jedem Falle eine Vorauszahlung verlangt. Jelena machte sich auf den Weg zu TASS und kam nach zwanzig Minuten triumphierend mit dem Papier zurück. Ich fand es unvollständig, denn wir hatten keine Farbkosten bezahlt, und das Papier, das ich gestempelt überreichen sollte, war nur das für die Farbkosten. Sie meinte aber nur, wichtig wären die Stempel, und ich sollte lächeln, – und tatsächlich, es klappte, es war zum Piepen. Der Kieselstein-Boss und der alte Produktionsdirektor waren freundlich gestimmt, besahen sich beide die Papiere und fanden alles in Ordnung. Dann kam es zu einem Delegationsspaziergang: Wir liefen in den riesigen Drucksaal, wo wir auf gestanzten Fußbodenblechen, die mit schwarzem Fett überschmiert waren, entlangschlitterten, hin zu Priwet. Nos tippelte an meiner Seite mit, bot alle Geschicklichkeit dafür auf, den schönen Schal nicht auf dem Boden schleifen zu lassen. Hast Du Nos schon einmal grinsen sehen? Da bilden sich winzige Fältchen, die unscheinbar an ihrer Spitze beginnen und sich zu den Augen hin immer deutlicher abzeichnen. Das leise Schnaufen an meiner Seite war ihr Kichern, als mir towarischtsch Iwanow, dessen Krawatte zwischen seinem geschlossenen Jackett und seinem Bäuchlein festklemmte, das große podarok *(Geschenk)* überreichte. Ich mußte mit Nos zusammen so lachen, daß sie es als Freude über die erste gedruckte Zeitung ansahen und es viel Händeklatschen und -schütteln gab, Premiere und Silvester.
Danach leistete ich Abbitte, denn ich mußte – nachdem alles gelaufen war – meine sämtlichen »Vollmachten« aus der Tasche ziehen, die mich berechtigten, den Druck und den Empfang zu bestätigen. Ich hatte diese Kuriosa wirklich mehr zufällig mit, und nun waren sie bitterernst. Natürlich weiß ich nicht, was ich da alles unterschrieben habe, bis auf die zwei Zeitungsexemplare, die ich ebenfalls »signieren« mußte.
Beim Gang über die …zig Hinterhöfe kamen das erste Mal, seitdem ich hier bin, blaue Himmelstücke zum Vorschein. An den oberen Etagen des Druckhauses ließen sie das Gelb aufleuchten – Priwet! Ich landete in einem Kabüffchen, in dem zwei Damen sich an Schreibtischen gegenübersaßen. Hier hätte der Begriff des Buchhalters geprägt werden können. Die eine schrieb Formulare aus, indem sie ihren Kopf mit dem rotgefärbten Haar und dem leicht offenen Mund darüberwiegte, die andere hatte ihren Busen auf den Schreibtisch gelegt und

klemmte so das Papier unter ihrem Kuli fest. Sie verlangte in einem Ton, der eigenartig zwischen freundlich und barsch hin- und herschlingerte, ich solle meine Vollmacht zeigen. Als ich sie brav aus der Tasche zog, hatte sie gleich erkannt, daß damit irgend etwas nicht stimmte: Eto nje prawilno *(das ist nicht richtig)*, sagte sie und schob sie mir wieder zurück. Schweigen. Sie wollte noch die Nummer der Vollmacht und das Datum. Blöderweise fragte ich, in dem festen Willen, nichts falsch zu machen, welches Datum sie wünsche. Nun ging ein Ding los, das wohl auch etwas mit meinem njemezki *(Deutsch)* zu tun hatte. Sinngemäß wohl etwa so, daß es nicht nur eine prinzipielle Frage sei, sondern auch eine Frage der Ordnung, denn hier wären viele choroschije ljudi *(gute Menschen)*. Sie behielt meine Vollmacht. Ich erzählte nun allen möglichen Unsinn, wie schön sie hier drucken würden usw., was sie aber nur mäßig versöhnte. Auf jeden Fall werde ich die Vokabel »Vollmacht« nicht mehr vergessen. Bei Kieselstein-Iwanow gab es dann diesen fürchterlichen Cherry, noch einmal das Delegationsspiel. Als wir nach einigem Palaver gingen, verabschiedete er sich derart kräftig, daß er einen Schritt nach hinten machte und uns jetzt mehr als eine Kopfgröße trennte.

Um eins begann der Computerkurs. Ich hatte mehr mit dem Fax zu tun. Gott sei Dank gibt es Mischa, der so schnell lernt und es dann den anderen zeigen kann. Ich führe jetzt für Dich eine Unterscheidung ein: Mischa nenne ich den Chef-Agenten. Er ist etwas jünger als ich, schwarzhaarig und sagt, wenn mehrere zusammen sind, erst einmal nichts. Für ihn ist es auch kein Problem, einen Schlips und einen Anzug anzulegen. Setzt er seine Schapka auf, dann ist immer noch die ganze Stirn frei. Er blickt eher etwas scheu. Unter den Augen bleibt in seinem Gesicht viel Platz, und er sieht auch immer sehr müde aus. Mit ihm ist es phänomenal. Alles, was mich plagt, was ich vor mir herschiebe, Verträge entwerfen, Preislisten schreiben, macht er bzw. hat er schon parat. Und so mußte ich heute nicht unterrichten, sondern er übernahm es für mich, weil er ziemlich genau zugeguckt hatte.

Für morgen verspreche ich Dir den Bäckereispruch, der aber wahrscheinlich gar nicht so dramatisch ist. Dieser Laden nennt sich liebenswürdigerweise: Lenchlebtort – leninsches Brot & Torten.

Heute kam dafür der Augenblick, zu dem mich Nos immer wieder hingedrängelt hatte: Smetana kaufen. Auf ging's. Der Laden ist wie eine einzige langgestreckte Wohnung von sechzig oder siebzig Metern, die nur Durchgangszimmer besitzt, und jedes ist eine entsprechende Verkaufsabteilung. Smetana gibt's in dem Raum ganz links. Dort ist gegenüber dem »Zimmerdurchgang« eine Theke, die die

14. Januar 10:19

Kieselstein. Kennst Du Jewtuschenkos Geschichte vom Hühnergott? Korol galka sollst Du nun als Hühnergott sehen, durch den Du hindurchsiehst mit einer vielleicht neuen Sicht. Helmar weiß noch nicht so recht, ob er ein magisches Nasentheater eröffnet – vielleicht, vielleicht auch nicht. (14. Januar)

gesamte Breite des Raumes einnimmt. Davor, in der Zimmerecke, befindet sich die dazugehörige kassa. Ich rate Dir aber nicht, Dich dort anzustellen, besser in dem Zimmer davor. Da stehen nicht so viele an, dort gibt es Eier und eingeschweißten Schmierkäse, aber die dortigen Billetts gelten auch für das Anfangszimmer. Hinter den Eiern, die in Pappformen stecken, von denen Stapel gebündelt hinter der Theke liegen, steht eine Verkäuferin und stippt die Billetts durch eine Riesennadel übereinander. Wenn sie keine Kunden hat, ruhen ihre Hände auf den Eiern vor ihr, als wolle sie die mit geschlossenen Augen nachzählen. Von daher holt sie sich das Gefühl, die Eier in die ihr vorgehaltenen Plastetüten zu legen. Manchmal sind es zwanzig, die sie da hineinlegt, ganz sanft und schnell.
Mit dem Billett in der Hand hast Du die Möglichkeit, Dich entweder links oder rechts anzustellen. Links hat den Nachteil, daß Du in dem schmalen Durchgang stehst, gemeinsam mit dem Schlangenende der ersten Kasse, so daß Dich in diesem Engpaß ein unendliches Geschiebe quält, denn die einen wollen heraus und andere herein, um zu schauen, was es gibt. Ich hielt meine Aktentasche fest. Allerdings doch etwas zu leichtfertig, so daß sie zwischen zwei sich gegeneinanderdrückende Schlangen geriet und ich sie, da war sie schon einen Meter hinter mir, wieder zurückerobern mußte. In der rechten Schlange ist es unübersichtlich, weil diese sich mit der Kassenschlange vermengt. Ganz schlaue Frauen stellen sich eine minututschku an, gehen dann zur Kasse mit dem Hinweis, daß sie hier gestanden haben und auch zurückkommen werden. Ich stand zusammen mit Nos, die ganz geduldig war, in der linken Schlange und erkannte zu spät die zusätzliche Belästigung, die in dem Fensterbrett zu unserer Rechten bestand. Denn dorthin, also unmittelbar vor oder hinter uns, drängelten sich die Leute, um dort ihre Gläser abzustellen und zu verschließen, weil sie selbst so behangen mit Taschen sind. Ich wurde aufgefordert (molodoj tschelowek!!!) *(junger Mann)*, einem Glas mit einem Plasteverschluß beizukommen, wozu ein gehöriger Druck notwendig war. Dann sah ich schon die weihevollen Bewegungen der Schöpferinnen. Heute war die Smetana anscheinend dicker als bei meinem letzten Besuch, denn es ging nicht mehr darum, den herabtropfenden Faden so dünn wie nur irgend möglich werden zu lassen, sondern das, was sich noch an der Kelle hielt, am Glasrand abzustreifen und dann in geringer Höhe den Rahm hineinlaufen zu lassen. Die Kunst ist aber die Dosierung, denn nachdem mein Glas Nescafé auf der Waage stand, durften es nicht mehr als zusätzliche 300 Gramm werden. Was noch fehlt, wird ebenfalls wieder am Rand hineingestippt, was einmal zu viel ist, läßt sich nicht mehr zurückholen.
Es gab ein paar scharfe Worte gegen Vordrängler, aber ich selbst fühlte mich

Helmar hat im Bildwörterbuch kein richtiges Vorbild für die Rechenmaschine gefunden – so ist sie selbst für russische Verkäuferinnen wahrscheinlich unbearbeitbar.
Servus, mein Lieber, Du hast noch gar nicht darüber geschrieben – dieses Wunder muß doch noch existieren.
Helmar

14. Januar 10:20

machtlos, – sie wischten vor mir hinein. Allerdings gab es an diesem Stand außer Smetana heute auch noch einen nie vorher gesehenen Käse, etwas so zwischen Schnittkäse und Schafskäse, muß sehr begehrt sein, das hatte ich nun verpaßt, und noch einmal anstellen ging nicht. Nos drängte auf den Heimweg. Hinauszu war ich derjenige, der zu den Dränglern gehörte, der geschoben wurde und von dem man erwartete, daß er den Vordermann schiebt, damit der auch vorankomme. Dieses Schieben ist etwas anderes als bei uns. Es ist weniger ein Wegschieben als ein Mitschieben, nicht so sehr Durchsetzung als vielmehr Unterstützung. Ich will es nicht lobpreisen, denn es ist eine Reaktion auf diese systematisch gegen Dich gerichteten Räume, egal wo. Dafür haben sie hier eine ganz passable Umgangsform entwickelt – ich denke an die Drängelei auf dem Flugplatz. Vielleicht muß man Amerika erst kennen, um das einordnen zu können. Wenn trotzdem jeder jeden um eine Zigarette bitten könnte. Hier laufen sie ratlos an der abfahrtbereiten Straßenbahn auf und ab und finden keinen Halt mehr, um irgendwo aufspringen zu können. Dann fährt sie los, zwei, drei Türen bleiben offen, in denen sie zusammenstehen und sich aneinander klammern. Denn wenn der andere losläßt, dann sind auch schon die Autos da und schnappen dich.
Nos hat die ganze Sahne mit einem Mal aufgeleckt, dabei fast allen Zucker verbraucht. Ich durfte einen Teelöffel voll kosten. Ich bringe Dir auf jeden Fall welche mit. Ein Kilogramm kostet 190 Rubel. Die Versorgung von Nos ist bis auf weiteres gesichert.
Sei umarmt von uns beiden, Kuß und Nosstieber auch an Jutta, Dir zwei links, zwei rechts

15. Januar 8:13 14/1/93

Priwet moj drug, moj samyj dorogoj Helmarotschka *(Hallo, mein Freund, mein teuerster Helmárotschka)*,
ich habe die Droge Telefon beiseite gelegt, bin jetzt Spezialist im Erhören der verschiedenen Klick-Piep-Knister-Nuancen quer durch die Rus und Europa und werde es nur schwer leid, gegen den Beton des Besetztzeichens zu stoßen, für die nächste Stunde habe ich jedoch kapituliert. Heute mittag, kurz nach zwölf – ich gedachte Juttas Zahnarzttermins – war ich auf einen Sprung bei Dir, aber dann schaltetet Ihr »um auf Fax«, und ich hatte keines vorrätig.
Nos hat von ihrem gestrigen Sonnenausflug ein wenig Farbe an der Spitze ange-

setzt. Du bringst sie aber auch auf Ideen –, was Ihr ausheckt, macht mich einfach nur staunen. Selbst Kieselsteinchen ist dank Deiner Fürsprache näher an mich herangerutscht. Aber den Jewtuschenko kenne ich nicht und bitte hiermit höflichst, ihn bereitzulegen: willig bin ich ja.
Hier ist das reinste Tauwetter, selbst die tieferliegenden Eisschichten, mit denen die Stadt versiegelt war, sind so gut wie weggesickert, das macht zwar die alltäglichen Wege leichter, weil man im Einander-Ausweichen nicht zusätzlich die Rutschrelation einbeziehen muß, aber die Gaukelei von Frühling, wo es hier doch selbst im Mai noch keineswegs wonnig sein soll, irritiert zumindest.
Je näher ich der Metrostation kam, umso mehr bedauerte ich, nicht doch am Morgen aufs Klo gegangen zu sein. Siebzig bis achtzig Meter entfernt sah ich Frauen auf den Stufen zur Metro stehen und eine Zeitung hochhalten – aber alle gingen daran vorbei. Die Zeitung blieb völlig unbeachtet, keiner nahm eine. Entweder hatte ich überhaupt keinen Atem oder einen höchst flachen, als ich auf sie fixiert weiterlief – und erleichtert vor den Frauen abdrehte –, es war die »Reklama-Schangsz«, die Reklamezeitung, die verkauft wird. Weiter von den Stufen entfernt stand wieder eine Frau und pries dieselbe Zeitung an, niemand kaufte – aber unsere Zeitung sah ich auch nirgendwo. Entweder trieft unser Vertrieb völlig, oder die paar tausend Exemplare sind schon zwischen sechs und zehn Uhr verteilt worden.
Ab zehn klingelte fast durchgängig das Telefon. Es war alles dabei. Einige, die sich für die Zeitung bedanken wollten, die Miliz fragte zur Freude aller an, ob es seine Richtigkeit mit dem kostenlos hätte, andere wollten für uns die Zeitung verkaufen, wir sollen sie doch nicht verschenken, und mindestens jeder zweite wollte eine Kleinanzeige aufgeben, was wir jetzt noch gar nicht machen können, weil wir dann unzählige Computer und Leute bräuchten. Sie warten hier ja vier bis fünf Wochen, bis ihre Kleinanzeige erscheint. Radio und Fernsehen hatten über Priwet berichtet, bei den Tageszeitungen werden wir auf der ersten Seite »angekündigt«. Die ersten Leute kamen auch schon auf Besuch, um sich nach Preisen für die Anzeigen zu erkundigen –, wir waren darauf mit den beiden Rumpelzimmern überhaupt nicht vorbereitet. Solange ich mit der Zeitung beschäftigt bin, fehlt mir die Vorstellung von dem Moment, wo sie unter die Leute kommt. Es ist eigenartig, fast paradox. Die Zeitung geht mich natürlich viel an, aber diese Zeilen an Dich sind mir wesentlich wichtiger, das wird auch so bleiben.
Bevor es zur Jubelfeier ging, begab ich mich, vielfach angemahnt, nun endlich in den Bäckerladen. »Genossen Einkäufer, denkt über das Brot nach, nehmt es in sauberen Plastetüten, Papierpaketen oder in Papier mit. Versteht – das unwieder-

bringliche Brot verunreinigt leicht, wird von Mikroben befallen und ist der Erreger zahlreicher Krankheiten. Damit das Brot nicht altbacken wird, ist es besser in einem abgeschlossenen Gefäß oder in einem Polyäthylen-Beutelchen (polietilenowom meschotschke) zu verschließen. Aber wenn das alles nichts hilft? – Was dann? Das Brot, einmal hart geworden – erfrischt es, wickelt es in eine feuchte Serviette und legt es für 5 bis 10 Minuten in den Bratofen.« – Puh, da hab ich mich gequält. Das stand nicht alles im Wörterbuch. Es ist genau das Gegenteil von dem, was ich vermutet hatte, ein so vernünftiger Text, und so ein Tonfall, oder bin ich das?, der sogar Deine Speisekammer okkupiert.
Aber ich werde auch weiterhin das Brot dort kaufen. Nos hielt mir Mütze und Tasche, als ich schrieb, und tat im übrigen so, als hätte sie mit demjenigen nichts zu tun, der da herumkritzelt und in kurzen Abständen auf das Regal starrt. Nach den Computerübungsstunden fuhr mich Michael the photographer gemeinsam mit Jelena und Ljuda in ein Geschäft, wo wir für hard currency einkaufen konnten – eine kleine Straße, die vom alten Newskij abzweigt. Auf der Fahrt spähten wir überall nach unserer Zeitung aus, aber sie war anscheinend schon durch. Nach langer Zeit hatte ich wieder das Gefühl, einen Intershop zu betreten, nur roch es ganz anders, und es war Selbstbedienung. Ein Raum ohne Fenster mit Stahltüren, sicherlich nicht einmal dreißig Quadratmeter, zwei Damen an der Kasse, ein zeitunglesender Mann, an die Kühltruhe gelehnt, der ein paar abgelegte Seiten schnell von dem Bier nahm, damit ich auch ja alles sehen kann. Ich kaufte Rot- und Weißwein, verschiedene Käse, Kekse, Lachs, Ananas usw. und hatte mir jedes Stückchen (ausgepreist in FinnMark) gegen Jelena zu erkämpfen, die am liebsten immer wieder alles aus dem Korb genommen hätte – it's enough, it's enough. Es war aber gerade so viel, daß der Tisch bedeckt war und es für ein paar Stunden Pickerei reichte –, dann war aber auch alles weg. Nelli, die sich in weiße Bluse und halblangen schwarzen Rock gekleidet hatte, genoß alles mit halbgeschlossenen Augen und summte vor Vergnügen. Ljuba trat in einem kurzen schwarzen Kleid auf und konnte vor Aufregung – sie sah die Zeitung heute erst – nicht essen. Big Michael sah aus wie immer und steckte den Käse samt dieser dämlichen durchsichtigen Verpackung in den Mund, was aber außer mir und ihm niemand sah. Jurij erschien in einem weißen Pullover, auf dem etwas von einer Universität New Hampshire stand, der Grafiker vom Druckhaus hatte sich in Anzug und Schlips gekleidet, Mischas Anzug war in der Reinigung, weil er sich gestern im Druckhaus beschmiert hatte, und sein Freund Alexander – der general director – schwieg die ganze Zeit freundlich in Schlips und Anzug.

Diesmal mit längerem Kommentar:
Zu Helmar kamen gestern Mimöschen ins Haus, die er zuvor in seinem Leben nie gesehen hatte. Jutta kennt sie aus Moskau als erste Frühlingsboten aus dem Süden. Kleine gelbe Flauschbällchen mit Minifarn. Ich hab' die Nase dem Geruch der Mimöschen ausgesetzt, man hält es nicht für möglich, sie riechen wild-würzig, betörend wie alle Früchte des Waldes zusammen. (15. Januar)

Viele Trinksprüche: Jurij hatte sehr schöne, u. a., daß es bei uns (Priwet) so sei, daß, wenn einer fehlen würde, die nächste Nummer vielleicht nicht erscheinen könnte und daß jeder sehr wichtig ist, und deshalb sollen wir auf jeden von uns trinken. Mischa brachte einen über seine Lippen, zwei Sätze, daß er froh ist, mit der Zeitung zusammenarbeiten zu können, und als alle warteten, was denn nun kommen werde, sagte er in die Stille: Prosit! und lächelte recht zufrieden. Und dann gab es auch noch einen auf ihren ersten deutschen Freund, der selbst schon etwas drunky dasaß und keinen von denen da am Tisch missen wollte.
Mein Lieber, ganz sicher ist diese meine 3. Zeitung auch meine letzte. Danach werde ich mich dann mehr um Nasen und solche Dinge kümmern. Was hat es denn mit dem Hasentheater auf sich? Darf ich eine Bewerbung abgeben? Ich habe noch eine Antiquariatsadresse bekommen, auf dem Litejny soll noch eines sein, und ansonsten werden sie nachdenken.
Nach unserem Prasdnik *(Feiertag)* fuhr ich mit dem Fotografen in einen Hinterhof an der Newa. Im Dunkeln tappten wir in einem endlosen und sehr schmalen Treppenhaus hinauf, das nur im Erdgeschoß beleuchtet war. Von dort aus stieg auch der Duft frischer Kartoffelschalen aus einem Eimer auf, der selbst davon überquoll. Als wir uns, die letzten Stufen mit dem Petroleumfeuerzeug suchend, hinaufgetastet hatten, war aber im Atelier niemand da; wir sind auf der Suche nach den Luboks – oder wie der Kerl auch heißen mag. Herr Lubok hatte aber schon Feierabend gemacht, und wir stiegen nach einigem Klingeln wieder hinab. Ich habe mich nun für morgen abend angemeldet.
Als ich nach Hause kam, so gegen acht, war ich so müde, daß ich erst einmal schlief, und nun bin ich immer noch nicht so richtig munter. Las dann noch Brodskijs »Flucht aus Byzanz« – der Osten und der Westen – Rußland eine byzantinische Gründung – das Lineare und das Kreisförmige (Alexandriner gegen den Begründer des linearen Prinzips: Vergil – Nomaden des Raumes und der Zeit). Ich schreibe morgen darüber, jetzt falle ich um und versuche morgen früh, Euch zu erreichen.
Mein Lieber, eine gute Nacht, sei umarmt, und die vielen Nos- & Ingo-Küßchen flattern jetzt zu Dir –

Guten Morgen, Du Lieber, das Knarren des Fensters hat mich geweckt, es ist alles weiß. Ich komme gerade aus der Wanne und sitze hier tippenderweise, den Telefonhörer an den Hals geklemmt, und schreibe Dir das erste Morgen-Fax, denn gestern war ich so müde und da ich heute meinen freien Tag habe, erlaube ich mir diese Verschiebung.
Wenn Du willst, kannst Du mir ein paar Worte diktieren, und ich faxe sie Dir zurück. Schade, daß Nos noch nicht durchs Telephon schlüpfen kann.
Gestern saß ich von zehn bis achtzehn Uhr vor dem Computer, – nun werde ich bald nur noch zuschauen. Dabei lernt es sich gut Russisch. Eigentlich bekomme ich alles zweisprachig mit, also auch english, und die Hiesigen lernen ein paar Brocken Deutsch, das sie fast alle in der Schule hatten. Nebenan im Zimmer war die Telefonhölle, es bimmelte, wenn gerade der Hörer aufgelegt war. Ljuda saß in ihren Pelz gehüllt, denn in beiden Zimmern ist die Heizung kaputt – oder TASS will uns ärgern –, und lächelte ins Gesicht der Stimme, die durch den Hörer kam. Manchmal glaubte ich, sie schimpfe, aber das war immer nur freundlicher Nachdruck. Vom Dankeschön bis zur Gratulation, von Beschwerden, daß auf der Titelseite nichts über den Jahrestag der Blockade stünde, bis dahin, es sei eine gänzlich überflüssige Papierverschwendung. Sogar Werbung haben wir schon, richtig bezahlte Werbung. Viele Anrufe kamen zu Artikeln, und sie wollten die Redakteure sprechen, wollten Telefonnummern und weitere Auskünfte über den Inhalt, und ständig Besuche: Studenten, die Kriminalgeschichten übersetzt haben, arbeitssuchende Journalisten, ein Poet, dessen Buch seit vier Jahren beim Verlag liegen soll und der keine Adresse angeben kann, weil er ständig von einem Freund zum anderen ziehen muß, selbst keine Wohnung hat.
Ich bin schon wieder ganz wild, weil ich immer gegen dieses Besetztzeichen renne.
Bin wie erlöst! Das andere Telefon ist ein rotes Auto neben meinem Bett, dem schon ein Vorderrad fehlt, was wohl auf meine Kappe geht –, und nun hatte ich Dich gleich bei meinem ersten Versuch, und schon feiere ich es mit einem Schuß Whisky im Tee, Du Lieber, Lieber – ich wünsche Dir einen Tag voller lächelnder Nasen.
Unter den gestrigen Besuchern, ich sah nur einen Teil davon, war ein Journalist, ein Fuchs in Menschengestalt; mit zigarettengebräunten Fingern haspelte er einen roten Ausweis heraus, der uns davon überzeugen sollte, daß er wirklich ein Journalist ist, sein langes rotes Haar, schon etwas grau, umfaßte wie eine Zange

seinen spitzkinnigen Kopf, der ihm weit vom Hals nach vorn fiel, und seine unruhigen, hellblauen Augen versuchten, meinem Kauderwelsch etwas Sinnvolles zu entnehmen. Ich konnte ihn aber auch nur wegschicken.
Mischa hat seit dem Erscheinen der Zeitung ein viel offeneres Gesicht. Er kann das Lachen nicht zurückhalten, und die zwei Weiberchen, Ljuba und Ljuda, sind wie die Kinder, die im Telefonhörer ein neues Spielzeug gefunden haben.
Viele Anrufer waren ratlos, weil sie die Zeitung gekauft hatten und dann im Zeitungskopf sahen, daß sie doch kostenlos sein soll.
Abends saß ich müde mit den müden agents zusammen. Weder gut noch schlecht, immerhin, die ersten Rubelchen haben wir schon. Ich möchte es doch ganz gern schaffen ...
Gegen acht fuhr ich dann mit big Michael zu Wiktor in denselben Hinterhof wie gestern abend. Kurz nach uns kam in einem alten Volvo Wiktor und stieg schweigend nach einem kurzen »Priwet« vor mir die Treppe hinauf, der Eimer mit den Kartoffelschalen war geleert, aber der Duft war der gleiche, und dann fünf Minuten lang (oder waren es zwei?) nur Stufen im Dunkeln, big M. hinter mir mit seinem Petroleumfeuerzeug. Oben gab es dann wieder Licht, ein Dachboden voller Müll und Abfällen. Und dann das Atelier, Gott sei Dank geheizt und mit dem Duft von frischen Bildern –, die allerdings waren nicht gut anzusehen, eigentlich eine Katastrophe. Das Heilsamste dabei immer noch ein Bär, der in den meisten Bildern auftauchte und irgendwelche Damen umarmte oder mit Männern soff. Bis hin zum Gefecht alter Kriegsschiffe gab es alles. Big M. zog mich in die kleine Küche und knipste das Licht aus. Aus dem Fenster sahen wir über ein Dach hinweg auf die »Kathedrale des blutenden Erlösers«, die im Dunkel lag. Ich hatte des Gefühl eines Behemoth-Fluges, weil ich dicht an der Scheibe stand und wir auf der Höhe der Zwiebeltürmchen schwebten, dahinter der erleuchtete Kanal zum Newski hin und links daneben die Hinterfront des Russischen Museums.
Was ich dann allerdings zu sehen bekam, war schön. Wiktor schenkte mir ein Buch, momentane Auflage über 200.000 Exemplare, mit traumhaften Zeichnungen – eine märchenhafte Detektivgeschichte, wie mir big M. erklärte, die Zeichnungen so zwischen Grosz, Lebkuchenfiguren und Moritz. Florenski heißt der chudoshnik. Mitki ist eine Gruppe von etwa fünfzehn Künstlern, die seit Mitte der achtziger Jahre besteht und mehr von der Freundschaft zusammengehalten wird als von Verwandtschaft der Arbeit. Maler, Zeichner, Dichter, Schriftsteller, Filmemacher. Eine Frau ist dabei, sie nennen sich untereinander »brat« *(Bruder)* bzw. »sestra« *(Schwester)*, tragen am liebsten diese quergestreiften Matrosen-

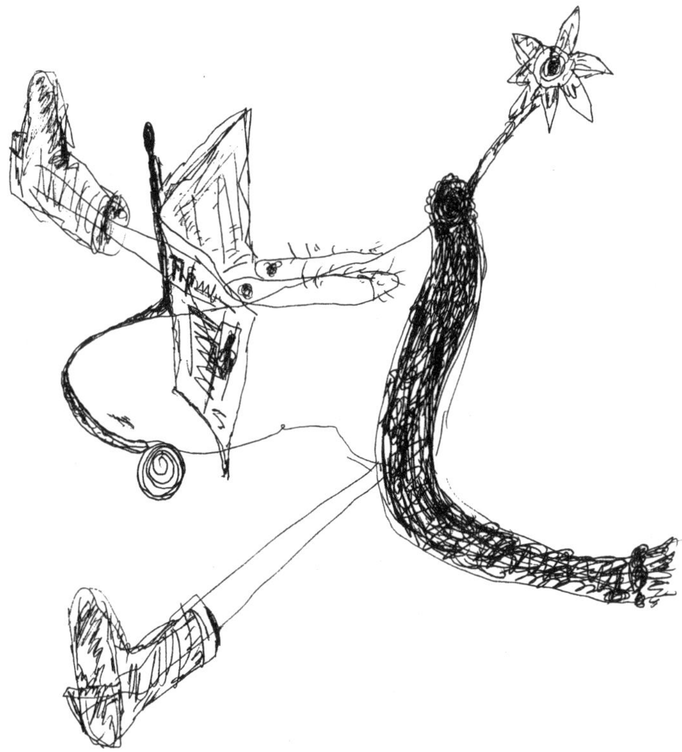

Nos auf dem Wege, sich allerlei Arten zu ersinnen, die berühmte »Priwet« zu lesen.
(16. Januar)

hemden und legen auf das Russische wert. Ihr Motto würde ich so übersetzen: »Mitki will niemanden besiegen«. Sie geben fast monatlich eine Zeitung heraus, vier, acht, zwölf Seiten, die sie als book in progress numerieren. Mir gefielen ein paar Holzschnitte von Wassili Golubew, – vielleicht bekomme ich sie durch das Fax. Wir werden jetzt wöchentlich eine oder zwei ihrer Arbeiten veröffentlichen. Wiktor, der auch an der Akademie lehrt, wird uns eine wöchentliche Kolumne schreiben, ich gab ihm auch gleich den Auftrag für einen neuen Zeitungskopf. Er stellte Brezeln und den mir bereits bekannten Käse auf den Tisch und machte beständig Selbstreklame, so seine eigenen Worte, erzählte von den nächsten Filmprojekten, sparsam in den Bewegungen und der Mimik, mit großer Nase und einem ruhigen Blick, seine Haare fielen von der Kopfspitze in gleicher Länge noch allen Seiten, was mich an Filmfiguren so um Alexander Newski herum erinnerte. Er ist Anfang vierzig oder ein wenig älter. Ich solle an seinem Buch Russisch lernen, das wäre für mich das beste – sehr selbstverständlich dahingesagt. Unter anderen Büchern sah ich auch ein Buch »Altrussische Baukunst« aus dem Union-Verlag. Ende Januar werden wir seinen 8-Stunden-Film sehen, dann werde ich auch die ganze Gruppe kennenlernen. Bevor wir gingen, schwebte ich noch einmal zur Kathedrale. Big M. meinte, wir müßten jetzt noch etwas essen, und ob ich das nicht auf Firmenkosten tun könnte. Also fuhren wir zum Schwabski domik (domski finde ich aber besser), schmeckt aber ziemlich fürchterlich und wirkt eher mitropahaft. Neben uns ein Schwarm Prostituierter, die alle die gleiche Maske im Gesicht tragen und von einer Schar Russen ausgehalten wurden. Eine Gruppe saß der anderen gegenüber.
Michaels Großvater, der im Dezember gestorben ist, war Seemann. 1946 lag er vor Kiel, nachts kam ein Boot und nahm einen einzelnen Mann auf, einen vom Politbüro Thälmanns, wie er meint, der ein Jahr darauf von Stalin erschossen wurde. Den Namen will er mir noch sagen. Kurz vorher muß dieser selbe Großvater in Sachen Reparationsleistungen in germany unterwegs gewesen sein. Er fand in Berlin eine auf die Nase gestürzte Bismarck-Statue. Bei dem Versuch, sie mitzunehmen, hat er sich irgendwas zugezogen, so daß er ins Krankenhaus eingeliefert werden mußte.
Big M. will hierbleiben, zwar gerne reisen, aber ihn zieht nichts weg, es würde schon besser werden. Der erste, der mir das sagt. Er erzählt von Russen, die weg sind und nur noch auf das Land spucken. Manchmal geht er über den magic-Newski, um Leute zu treffen, die er schon lange nicht mehr gesehen hat, es hätte bisher immer geklappt.
Mein Helmarchen, bevor ich losstapfe, gibt's noch eine Suppe, dann die Mütze

Die Nase begibt sich vor ein größeres Auditorium, um durchzunoseln die Baedekerweisheit, daß St. Petersburg mehr Brücken besitze als Venedig. Nun Ingotschka, sieh zu.
(16. Januar)

übern Kopf – ich nehme an, ich sehe sie bald wieder gemeinsam mit Nos? Oder solltest Du Dich einfach nur so erkundigt haben? Sei umärmelt mit aller Masse, über die ich verfüge

17. Januar 8:38 16/1/93

Du Lieber,
vor zehn Minuten habe ich den Hörer, das rote Autooberteil, wieder auf seine Karosse gelegt. Das war ein richtiges Sonntagsgespräch. Am liebsten ginge ich gleich los nach den Farben. Ich verzichte auf das Frühstück und gehe sofort zu den Spaghetti über. Allerdings macht sich auch hier meine Einkaufsfaulheit bemerkbar, denn es fehlen der für mich so unabdingbare Käse und die Eier, – aber ich versuch's mit Tomatensuppe.
Sonnabend ist hier der Tag, an dem die meisten Leute auf der Straße sind. Der Schwarzmarkt übertrifft sich selbst.
Schwarzmarkt ist allerdings nicht das richtige Wort, denn es gibt nichts Normaleres, als daß man versucht, an seinem freien Tag etwas loszuschlagen, was man nicht braucht oder in der Absicht gekauft hat, daraus einen Hinzuverdienst zu machen. Das kann ein Buch »Russische Geschichte« sein, das dutzendweise im Laden aufgekauft wird, oder Zigaretten oder Schuhe. Vor einem Geschäft mit Auto- und Mopedersatzteilen, in dem es auch Reifen gibt, werden Reifen verkauft usw. Eine Frau sah ich schon den dritten Tag unter den Arkaden des Gostinij Dwor ein Autotelefon in die Menge halten, als wolle sie sagen, hier will dich jemand sprechen. Was da an Zeit kaputtgeht, ist unvorstellbar. Eine korpulente alte Frau hielt einen winzigen Jeans-Minirock vor sich her – als sei sie endgültig aus diesem Alter heraus und gebe ihn nun ab. Manche haben die Stiefel, die sie verkaufen wollen, über Hand und Unterarm gezogen wie Prothesen. Gegenüber der Assignatenbank, vor den Arkaden des Apraksin Dwor (dahinter ist der Markt mit den Waffen) stehen an ein und derselben Stelle, zwischen den am Straßenrand parkenden Autos – freie Parkplätze verkaufen wäre auch noch eine Möglichkeit – etwa achtzig bis hundert Männer zu dritt, zu viert, zu fünft. Die tun gar nichts. Die unterhalten sich und machen irgendwelche Dinge ab. Sie haben untereinander, wie Prostituierte, den gleichen Ausdruck in ihren Gesichtern. Aber ob das nur der Treffpunkt ist und was da abläuft – das kann ich noch nicht sagen.
Das Russische Museum, Eintritt zwanzig Rubel, betrittst Du durch eine winzige

17. Januar 7:21

Erste im Sitzen! gezeichnete Nos.
Was man aus der sogenannten Abstrakten alles machen kann (Schmidt-Kirstein).
Nos hat sich Fortbewegungsgeräte entwickelt, mit denen sie durch Petersburg zu Lande sich bewegt. (16. Januar)

Seitentür rechts, steigst, statt die Treppe in der Mitte hinauf, in einen Keller hinab und tappst durch schmale, dunkle Gänge zur Kasse und Garderobe, gehst eine Treppe wieder hinauf, der Du in der Mitte des Palastes wieder entsteigst. Diese Flut von Bilder-Erzählungen des 19. Jahrhunderts machte mich ganz benebelt. Die meisten sind so literarisch, daß ich sie mir weniger als Bilder denn als Erzählungen ansah. Erst nachdem ich die story geschluckt hatte, begann ich zu sehen. In vielen Fällen war es auch eine Art Wiederbegegnung. Denn jetzt erst merkte ich, daß meine Schulzeit voll von diesen Bildern gewesen sein muß, ob im Unterricht oder als »Bild« an der Wohnzimmerwand von Freunden. Nicht nur die Wolgatreidler oder die Bojaren, die den Brief schreiben, auch die Brautwerbung des Majors oder Johannes der Täufer, der auf den spazierenden Christus verweist. Es sind so viele. Bei den Portraits und Landschaften ruhte ich mich dann aus. Natürlich ist es eine Offenbarung, wenn Du plötzlich vor dem Original stehst. Ein winziges Dampfboot im Hintergrund der Treidler läßt die ganze Quälerei einfach nur absurd erscheinen. Die freudig leuchtenden Augen des Alten, der seine Tochter dem Major gibt, waren nie zu erkennen gewesen. Es gibt weniges, was in dieser Abteilung auffällt. Gleich im zweiten Raum hängt an der Stirnseite ein kleines Bild: »Teetrinker«, Mitte 19. Jh., den Namen des Malers habe ich vergessen, bei dem die Perspektive völlig aus dem Leim geht. Ich weiß nicht, ob bewußt oder unbewußt. Es ist so flächig geraten, daß es wie ein Vorläufer von Henri Rousseau wirkt. Das geht sogar so weit, daß die Bedienstete hinter dem Tisch steht und einem Herrn rechts am Tisch mit ihrer linken Hand, also der abgewandten Hand, Tee einschenkt. Das kann wirklich nicht gutgehen. Bilder, die im Bild über Eck hängen, geraten sich wie so viele Gegenstände in die Haare. Es ist eine Pracht, das zu sehen.
Stell Dir vor, das erste Mal richtig Sonne, die erste richtige Sonne seit zwei Wochen!
Schön ist auch immer der Blick zwischen den Bildern aus dem Museum hinaus auf den verschneiten Baumgarten ringsherum. Es gibt viele Schulklassen, die lange Führungen absolvieren. Ich war gut drei Stunden dort, manche waren ebenso lange da. Hier sah ich auch das erste Mal wieder die kleinen Mädchen mit ihren weißen, jetzt auch gelben oder roten Schleifen. Nos hat ein bißchen neidisch hingeschielt, sich aber ansonsten souverän verhalten.
Die altrussische Abteilung durchquerte ich nur, die hebe ich mir noch auf. Der Weg zur Avantgarde ist endlos und zweigt wie ein Blinddarm aus dem 19. Jh. ab. Aber auf dem Weg dahin hat man noch diverse Helden- und Reckenbilder zu passieren, darf auch nicht in die Volkskunst laufen, sondern weiter den Gang und

18. Januar 6:55 (18. Januar)

die Treppen hinauf, bis man auf Wrubels Koloß von Reiter stößt und seinen sechsflügligen Seraphim. Dann wurde es sehr schön, Kustodiew und seine Dame vor der Melone und dem Samowar, die Teeschale in der Hand – ich glaube, wir meinen dieselbe –, dann schon Kuprin und die Achmatowa von Altman, die Violine von Petrow-Wodkin, Saryans Hyänen, dann Kandinsky und Tatlin und Schluß. Ich kann aber nicht so doof gewesen sein, daß ich einen Raum oder eine Abzweigung verpaßt hätte. Im letzten Raum, ein Kopfbahnhof, saß ein altes Paar auf der Besucherbank bei den Tatlins und Kandinskys. Er kannte jedes Bild im Raum und sprach zu ihr, wies mit dem Brillenetui auf die Bilder, sie mit den Brillenbügeln. Nach einer Weile standen sie auf, umgingen die Bank und setzten sich, in die andere Richtung schauend. Das wird alles um ihr Geburtsdatum herum gemalt worden sein, 1914/1918. Sollte der Fehler nicht bei mir liegen, was ich nicht glauben kann, dann ist das ungeheuerlich: Am Eingang werden Malewitsch-Poster und -Bücher, auch welche von Falk, für Dollar angeboten. Ihre Bilder aber fehlen in der Ausstellung.
Allerdings fand ich auch nichts, was über die zwanziger Jahre hinausging. Vielleicht gibt es doch noch irgendwo eine andere Abteilung.
Ich fühlte mich nicht nur einmal wie im Louvre.
Dann in die Metro, und auch hier beste Pariser Erfahrung. Ich landete in einem Neubaugebiet, riesig, wo ich den falschen Weg einschlug, endlos entlang an einem einzigen Haus, dann vier Hochhäuser, fälschlicherweise geriet ich da hinein, ein Studentenheim – unsagbar, keine Tür mehr verschließbar, die Küche groß, ein Tisch, von Abfällen überzogen, ein Herd, der mit übergroßer Flamme loderte.
In diesem Neubaugebiet irrte ich fast eine Stunde herum, vergaß nicht, an Juttas Ausstellungseröffnung zu denken – übrigens: wenn sie Euch Ärger machen …
Ich sah gestern vormittag jemanden, der mit Panzerfäusten handelte. Vielleicht macht er mir ein gutes Angebot.
Die Feier war in der 14. Etage eines Hochhauses, eine zweistöckige Atelierwohnung, dafür sehr klein. Ich könnte Seiten mit den Beschreibungen füllen. Insgesamt waren wir acht, ich brauchte eine Stunde, dann verstand ich so mäßig. Drei Paare und eine Restauratorin, die nun im achten Jahr ihrer Ausbildung ist und die ich über die Puschkinskaja zehn ausfragte, mit mäßigem Erfolg, dort sind nur die Ateliers. Alle waren in meinem Alter. Wir feierten auch einen dreißigsten. Der dritte Michael, der nicht zur Zeitung gehört, mir aber hier und da vermittelnd hilft, ist Englisch-Übersetzer und macht so dies und das. So besorgte er seinem Freund Sascha, der Arzt ist, einen Job als Autoverkäufer, was

dieser dankbar annahm. Als Arzt kann man nicht leben. Seine Frau, zur Hälfte Aserbaidshanerin, ist Kinderärztin. Sie erhält ein Monatsgehalt von 2.200 Rubeln. Ich glaubte wirklich, ich hätte mich verhört. Das sind etwas mehr als vier Dollar. Die Mindestrente liegt jetzt bei 3000 Rubeln, aber nicht jeder bekommt Rente. Sie könnten nicht leben, wenn er auch als Arzt arbeiten würde. Sie waren zusammen drei Jahre als Ärzte in Straflagern hinter Archangelsk. Es galten für sie die gleichen Gesetze wie für die Lagerinsassen, nur daß sie auf der anderen Seite des Zaunes lebten. Seine Frau ging energisch dazwischen, als er mir Details erzählen wollte. Und Michael, mit dem schönen Nachnamen Chidekel, winkte ab: später, später ... Was sie auf dem Leib tragen, sind Geschenke ihrer Freunde aus Kanada oder Finnland. Es reicht nicht mal richtig zum Essen. Sie wollen Zeitungen bei uns verteilen, da bekommen sie für vier Tage Arbeit im Monat 20.000 Rubel. Sie ergingen sich in Trinksprüchen, besonders ein Chirurg, der ständig irgendwelche Witze erzählte und selbst so knatternd darüber lachte, daß man den Schluß schon akustisch nicht verstehen konnte. Seine Frau, die ihm nicht sehr nachstand, hat schon ganz schmale Augen vom vielen Lachen.
In diese Runde hinein kam ein Anruf von einem ihrer gemeinsamen Freunde aus Amerika, der Heimweh hat, »but we are missing him too«, meinte Chidekel. Ein anderer Freund von ihnen starb vor zwei Jahren im Alter von siebenundzwanzig Jahren, an einem einundzwanzigsten Januar. An diesem Tag arbeiten sie alle nicht und sind zusammen.
Während der ganzen Zeit im Hintergrund Radio Moskau, Nachrichtensprecher wie vor zehn Jahren, die Stones wie vor dreißig Jahren. Wir fuhren mit der letzten Metro, die letzte Chance, nach Hause zu kommen, denn Taxi ist nicht möglich. Ich stieg als erster aus – mit neuer Einladung. Sie fuhren weiter an die andere Stadtgrenze – in the suburbs.
Helmarchen, ich renne jetzt in die Sonne hinaus, halte es kaum noch aus, sei umarmt, vielleicht hören wir uns gleich noch

18 . Januar 8:12 17/1/93

Helmarchen, Lieber,
nun rief ich an, als Ihr gerade bei der Ausfahrt wart, im Sonnenschein, im ersten Frühling – immer noch mit Fellmütze? Wie gern wäre ich zu Euch an den Frühstückstisch geschnurrt, wie ein Fax.

So wie ich tagelang kaum bemerkt hatte, daß die Sonne weder zu sehen noch zu spüren war, überrumpelte mich heute ein allgegenwärtiges Vogelgepiepe. Außer Tauben hatte ich hier nie Vögel gesehen. Eine Katze hatte sich auf einen Baum verirrt und tastete nun ratlos hinab, ohne dabei vorwärtszukommen. Die Kuppeln der Nikolauskirche glänzten, als sei Ostern nicht mehr weit.
Heute wachte ich erschrocken auf, als ich die matte Helligkeit hinter den dünnen Vorhängen sah. Es ist verhängnisvoll, sich nach dem Rhythmus der Sonne zu richten. Denn dann ist der Tag weg. Wenn es Nachmittag werden sollte, beginnt schon die abendliche Dunkelheit. Der Tag hat sechs Stunden. Es ist wie mit den Jahreszeiten, die Übergänge fehlen.
Das deutsche Sonntagsgefühl hat hier keine Chance. Mittags halb zwei anstehen und warten, daß das Milchgeschäft öffnet. Ich werde vom Einkaufstouristen nun auch zum reinen Beschaffertum übergehen müssen, denn es gibt erste Anzeichen von Notstandslücken in »meinem Haushalt«. Ich vermisse schmerzlich das Klopapier, den Zucker weniger, das gleicht der Whisky aus. Aber jeden Morgen zwei, drei Tassen ist schweißtreibend.
Helmarchen, Deine Nasen sind unwahrscheinlich schön, ich bin ganz stumm vor Deinen Ideen und ganz stolz, daß sie zu mir kommen. Werde aber bitte nicht leichtsinnig, denn es ist zur Zeit sehr gefährlich, auf den Kanälen Boot zu fahren. Ich habe Nos davon abgeraten, aber sie will nun auf die Newa hinaus – und mit Dir als Autorität im Rücken – what can I do? Ich kam auf den Platz der Isaak-Kathedrale über den Wosnessenskij-Prospekt (früher Prospekt Majorowa oder so ähnlich). Die Sonne war schon wieder von den Wolken aufgesogen. Nur über dem Ende des langen Straßenkanals hielt sich noch ein schmaler, heller Streifen Licht. Ich sah den Behrens-Bau nicht gleich, da der Platz zwar eine Symmetrie vorgaukelt, aber vielfach in sich verschoben ist. Gegenüber dem Eingang der Kathedrale ist jetzt der Stadtsowjet, ein protziges Gebäude mit vielen Leninpreisen und ähnlichem an seiner Stirn. Dann umging ich den Platz von rechts, zum Astoria hin, und sah mit einem Mal das Gebäude, welches es nur sein konnte, auf der gegenüberliegenden Seite. Ein rötlich schimmernder Bau, der sich zwar nicht über die Höhe der angrenzenden Gebäude hinauswagt, sondern mit ihnen abschließt, also kleiner bleibt als das Astoria, aber dessen Säulenfront, die bis zum Dachgesims hinaufstrebt, überhaupt nichts Auflösendes hat, eher palisadenhaft dasteht. Drei Stockwerke sind mit Fensterreihen bezeichnet, deren größte die zweite ist und Saalartiges dahinter vermuten läßt. Fenster sind hier aber, im Vergleich zu allen anderen Bauten des Platzes (die Kathedrale ausgenommen), nur ein notwendiges Übel. Sie sollen mehr verdeckt werden, als daß

17. Januar 7:33

Nos hat sich einen Traum erfüllt – aus Monets Garten in Giverny ein Riesenblatt importiert und damit die Fontanka-Flotte eröffnet. So wird die Nase alle Brücken unterqueren können, wobei Helmar selbst noch den stillen Traum von Giverny träumt. (17. Januar)

sie hinauszuweisen hätten. Protzig wirkt es nicht, eher streng und kompakt. Die Säulen sind feiner behauen, aber bei weitem nicht glatt, das Mauergestein dazwischen ist sehr grob belassen. Die untere Fensterfront ist eng und vergittert, aber das muß nicht original sein. Auf dem Dach steht noch unbeschadet die Vorrichtung, die entweder einen Adler oder das Hakenkreuz hochhielt. Abends ist es eines der wenigen Gebäude, die erleuchtet sind, wenigstens zum Teil. Eine Tourismusfirma weist sich am Eingang mit zwei Metalltafeln, einmal english, einmal russisch, als Bewohner aus.
Da Nos kaum noch neben, vor oder hinter mir tippelt, seitdem sie die Lüfte erobert hat, wollte ich ihr den Spaß nicht verderben und auch etwas für die Luft tun. Ich stellte mich in die Schlange, die sich rechts vom Eingang der Kathedrale zwischen Gittern vorwärtsschob. Am Eingang intonierte ein Estradenorchester seine Melodien, die eine Minute lang recht jazzig klangen und die Fußgänger zu Marionetten verwandelten. Es ist fürchterlich, auf diesen vereisten Wegen zu gehen. Eine Dame, mit großer Pelzschapka, tippelte mit winzigen Schrittchen und anliegenden Armen über den Fußweg, ohne einen Halt zu finden. Die Musik brach ab, als habe ein Polizist im Namen der Würde der Kathedrale derartiges untersagt. Die Kathedrale ist mir in ihrem Geist keinesfalls angenehmer als der deutsche Kampfpanzer. Ginge man direkt auf ihren Haupteingang zu, so sind da Stufen, die fast nur emporkriechend zu nehmen wären. Und die Nowgoroder Türen sind mir auch lieber. So fror ich fast eine halbe Stunde lang beim Anstehen. Da ich mehr auf den Platz als nach vorn sah, schob sich ein Suworowschüler der oberen Klassen mit einem altklugen Gesicht vor mich. Ich mache mir sonst nichts daraus, aber da er so penetrant an meinem vormaligen Vordermann klebte und sich nicht einmal die Mühe gab, es als Versehen zu tarnen, und es wie ein Triumph über die ordentlichen Ansteher aussah, wurde ich, zumal unter den Augen von Nos, ärgerlich und wollte das keinesfalls hinnehmen. Nur keine Großzügigkeit, die dann wie Feigheit wirkt. Es war ein fast zehnminütiger Kampf, bei dem sich der Kerl keine Blöße gab. Aber ich benutzte die Kurve, an der die Schlange eine Kehre machte, und schob mich, dank des nach außen driftenden Vordermannes, an dessen Rücken und ließ den Schüler an meiner linken Schulter auflaufen. Als es nur noch drei oder vier Ansteher bis zur Kasse waren, hatte ich den Kampf gewonnen – wortlos. Nos war schon über mir, als ich den Aufstieg zur Kolonnade begann. Wendeltreppen, dann kleineres »Gewendel«, und nach der Unmöglichkeit von winzigen Treppchen begann eine herrlich lange Eisentreppe von der Dachaußenkante zum Turm hin, vielleicht dreißig oder vierzig Stufen gerade voreinander durch die

Luft, eine Himmelsleiter. Nos hat die Baedeker-Weisheit verkündet, daß man von hier einen lohnenden Blick über die Stadt hat. Aber das sollte auf die erste Seite gedruckt werden. Notre-Dame ist viel anstrengender gewesen. Es fehlen von der Kolonnade aus noch etliche Meter bis zum Beginn der Kuppel. Aber gerade das Maß dieser Höhe macht den Rundblick so angenehm. Hier braucht es nicht schwindelnder Höhe, denn niemand hat es gewagt, sich in ihrem Umkreis zu erheben, und der KGB-Bau ist weit entfernt und so grau, daß man ihn vergißt. Die Stadt kauert unter Dir, nicht unbedingt schön von hier aus, unverputzte Häuserseiten, rostige Dächer, aneinandergedrängt wie eine in Lumpen gehüllte Masse, sich wärmend. Das Weitläufige der Paläste zerrinnt in dieser Perspektive. Nur das Dach des Astoria und seiner Nebengebäude glänzt von frischem Blech. Nach Süd-Osten hebt sich die Aleksandro-Newskaja Lawra heraus, ein Gruß, den man annimmt. Dahinter die Schlote, die sich als Kranz um die Stadt ziehen, und dahinter die Neubauten. Nordöstlich überschneiden sich erst die Geschwisterspitzen der Admiralität und der Peter-und-Paul-Kirche. Dazwischen das grüne Winterpalais mit der Alexander-Säule. Im Norden dann der schneebedeckte Park mit dem reitenden Peter, der Blick auf das Südufer der Wassilij-Insel und darüber hinweg. Nach Norden hin sah ich am klarsten den Grenzstreifen, der die ausgedachte Stadt von dem trennt, was sie nach sich zog. Häuserblocks, dann die Schlote, die ihren Rauch in den niedrigen Wolken ablagern, die selbst wie der Rauch eines fernen Schornsteins vorüberstreichen. Dann die Neubauten, die schon weit weg sind und die in diesem Moment ganz im Sonnenlicht lagen, das gestrige Geburtstagsfeiergebäude noch ahnbar. Für diesen Schlafring um die Stadt, der seine Bewohner am Tage nach »Piter« entsendet, damit sie ein bißchen Leben schöpfen, gibt es wahrscheinlich Berechnungen, wann er in sich zusammenbricht.
Dann der Blick nach Westen, woher der Wind kommt – und plötzlich das Meer, wie hinter der nächsten Fabrik. Aus welchem Grunde auch immer, es hat etwas Beruhigendes, daß das Meer so nahe liegt. Städte sollten nur noch am Meer gebaut werden.
Für einen Moment schien sich die Luft geteilt zu haben, denn eben noch waren die Rauchfahnen von links nach rechts vorübergezogen, und nun plötzlich von rechts nach links – bis ich begriff, daß dieser Rauch auf uns zu zog und der Wind aus Norden kam. Wie die Krieger von Alexander könnte ich auch jedesmal schreien: thalatta, thalatta – das Meer, das Meer – eines der wenigen Dinge, die ich mir noch gemerkt habe.
Das Gekrakle der hundert Kräne in den hellen Streifen über dem Meer, dann

der Schwenk weiter nach Süden, die Türme der Nikolaus-Kirche – ein Wunder, daß sie es geschafft haben, sich aus diesem Gedränge zu erheben.
»Die Engel an den Ecken des Kathedralendaches haben am Ende des Gewandes eine kleine Klappe, durch die der Heilige Geist hinein- und auch wieder hinausschlüpfen kann. Als der Heilige Geist gerade einmal schnell in eine Stolowaja *(Schnellimbiß)* oder aufs Klo mußte, verschloß der speziell für die Kolonnade zuständige Hausmeister, der sich als Altbolschewik hierher aufs Dach gerettet hatte und so in einer Art geduldetem Exil seinem Volk diente, die Türchen und warf den Schlüssel – keiner weiß, in welche Himmelsrichtung – hinab, denn er hatte es satt, daß nachts, manchmal aber auch tagsüber, die Engel zum Ärgernis aller Atheisten, zu denen die Bolschewiki gezählt werden, davonflogen und so die Wissenschaftlichkeit leugneten, die in der Stadt herrschte. Und das gefährdete sein Exil. Nun sind die Engelchen reglos, ihre entseelten Körper empfinden weder Kälte noch dringende Bedürfnisse, nur wenn der Heilige Geist, auf der Suche nach einer Einschlupfmöglichkeit, ihnen um die Ohren saust, wimmern sie ein wenig und freuen sich in aller Hohlheit auf Ostern, denn da gibt's einmal im Jahr sto Gramm *(100 Gramm [Wodka])*. Was aus dem Kolonnadenmeister geworden ist, steht in keinem Baedeker. Es ist aber zu vermuten, daß er in einen der Engel geschlüpft ist, weil er sich nach dieser Großtat seines Lebens immer weniger sicher sein konnte, was auch das Wimmern wissenschaftlich erklären würde. Er wartet noch auf seine Rehabilitierung. Andernfalls droht er, und das könnte eventuell sogar ein Ultimatum sein, dem Heiligen Geist die Türchen wieder zu öffnen – aber keiner weiß, wie« – solches Zeug erzählt mir Nos. Sie meint dazu, ihr kribbelt's in den Flügeln. Der Erfolg des Baedeker-Vortrages hat ihr merklich Selbstbewußtsein gegeben.
Ich stieg über eine ähnliche Treppe hinab, verschwand in der Wendeltreppe und wachte erst wieder auf, als ich aus dem Ausgang trat. Wieder in dieser Welt angekommen, scheuchte mich sogleich eine Dame hinter der Glasscheibe eines Aufpasser-Häuschens die restlichen Stufen hinab. Die Eintrittskarte für das »Museum« wollte ich am Abend einlösen, sie haben bis 19.00 Uhr geöffnet.
In der Manege sah ich die Ausstellung »Garderop«, siehe Anlage. Ich war aber noch zu sehr mit dem Blick aufs Meer beschäftigt und dem Kampf mit der Einlasserin. Ich sollte meinen Mantel ausziehen, aber mir war kalt.
Ich schlitterte dann um das Pferd von Peter herum und an der Newa meerwärts. Es ist kaum möglich, über diese vereisten Wege zu gehen. Außer mir und Nos, die meinte, natürlich könne sie auf der Newa Schiff fahren, ging niemand am Kai lang. Es war elend kalt, und Nos hatte auch keinen Zipfel ihres Schales mehr

19. Januar 12:58

Nos auf einer kleinen Erdscheibe schaut auf Petersburg herab,
hat erst einmal diese Flügelchen bekommen.
Für weitere sind meiner Phantasie ja keine Grenzen gesetzt.

übrig. Wir beschlossen, über die Leutnant-Schmidt-Brücke auf die Insel zu gehen. Bis hierher kommen die großen Schiffe vom Meer. Liegen diese modernen Zeiten entstammenden Riesen vor den alten Palästen vor Anker, so glaubt man eine Collage zu sehn. Mitten auf der Brücke, gerade da, wo sie sich teilen läßt, erwischte mich der Geruch von frischen Brötchen. Es war absurd, aber es wurde auf die Insel zu immer penetranter, nur daß sich Auspuffmief dazwischen mischte. Dann an der Anlegestelle vor der Akademie der Künste vorbei, Menschikowpalais, Philologische Fakultät, dann über die Brücke zurück zu Isaak. Die Brücken liegen ganz flach über dem Strom. Es sieht fürchterlich aus, wenn körpergroße Klumpen im Wasser schwimmen – bis man erkennt, daß es Schnee ist. Es war schon ganz dunkel.
Sinnigerweise nennen sie das Innere der Kathedrale »Museum«, es ist auch eins. Hier hockt nirgendwo der Heilige Geist. Ich war nur hineingegangen, um das Pendel wieder zu erleben. Ich wollte wieder spüren, wie sich die Erde dreht, aber kein Pendel, nur Matrjoschkas am Verkaufsstand. Dieser Innenraum beeindruckte mich noch weniger als der Invalidendom mit Napoleon in seiner Wanne.
Helmarchen, ich breche jetzt ab, schade, daß ich Euch heute nicht mehr erreicht habe. Abends geht nichts mehr, auch nicht mehr mit dem roten Auto. Nos flüstert schon im Traum: Küßchen links, Küßchen rechts …

19. Januar 8:30 18/1/93

Helmarotschka, mein Lieber,
da hast Du mir ja eine Freundin beschert. Schön ist sie, aber anstrengend. Und wer ihr kein Kompliment auf die Nase zu sagt, hat keine Chance, je ihren Nasenrücken zu sehen. Jetzt gerade ist sie im Bad und wird vor dem Spiegel ihre besten Ansichten probieren, frontal, profil, gesenkt, erhoben. Sie will dann ein Bad nehmen und ließ sich vorher alle Handtücher zeigen – da sie sich so schnell nicht für eines entscheiden konnte, hat sie nun alle im Bad, und ich muß mir jegliche dringende Notdurft für die nächsten Stunden verkneifen.
Es ist so schade, daß es heute mittag nicht gelang, durch die Leitung zu Dir zu schlüpfen. Aber vielleicht ruft Ihr noch heute abend an, – aus dem Badezimmer kommt nasaler Gesang, sie hat abgeschlossen, da sie sich geniert.
Das ist heute ein Tag gewesen, über den es gar nichts zu berichten gibt. Wie jeden Tag rutschte ich über das mal wieder tauende Eis. Es hat kleine Inseln

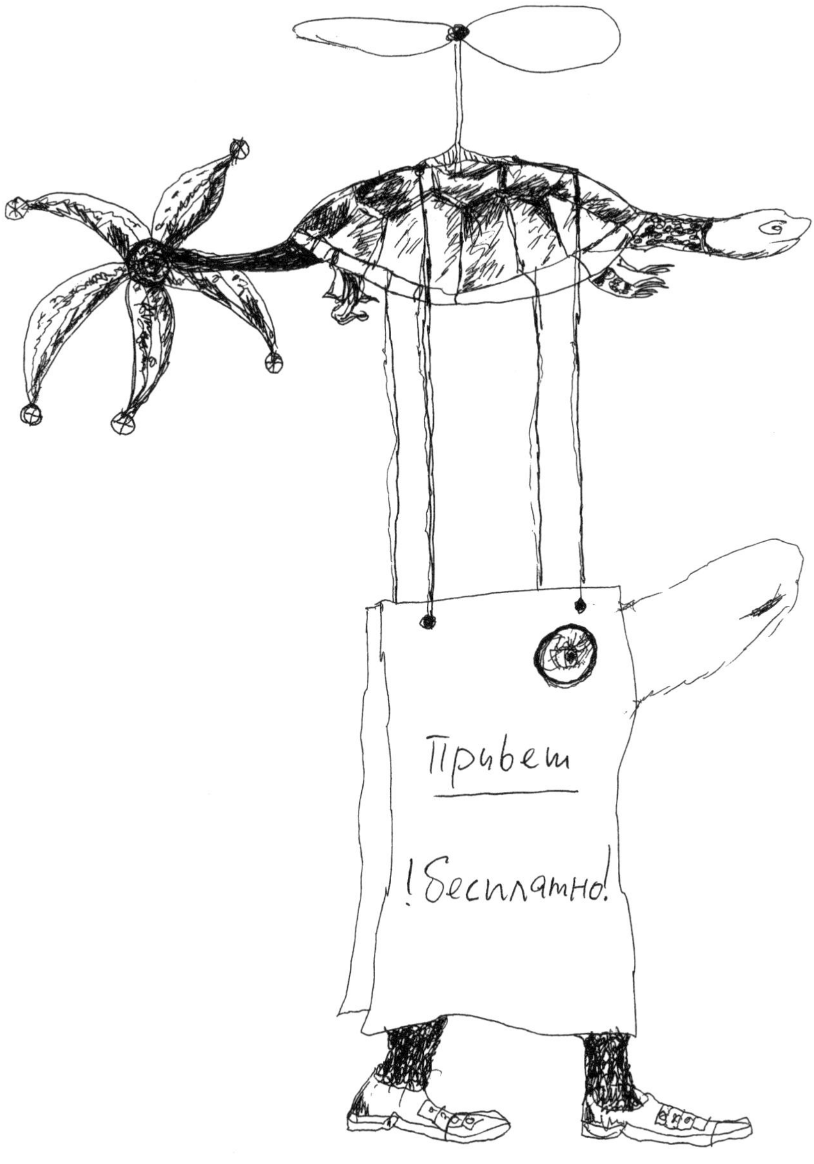

19. Januar 12:57 Nos ist sich selbst nicht zu schade, Reklame als Sandwichman zu laufen. Bei ihrem Schritt schafft sie Petersburg an einem Tag.

freigegeben, die aber wegen ihrer Unregelmäßigkeit nur ab und an als Fußstapfen dienen können. Jetzt beginnt es schon gegen neun hell zu werden. Zwischen halb und um zehn ist das Tageslicht erreicht, das für mitteleuropäische Verhältnisse einen der finstersten Tage bedeuten würde. Um der Flut, die sich aus der Metrostation ergießt, auszuweichen, geriet ich heute auf einen Pfad zwischen der Rückseite der Kioske und der provisorischen Straßenbahnlinie, die die Metrobaustelle umgeht. Diese Rückseiten sind mit »Kleinanzeigen« so bepflastert, daß sie wie zerrupfte Federkleider ausschauen, denn es wird nicht einfach nur ein Zettel angeklebt, sondern die untere Hälfte ist mehrmals angeschnitten. Auf den so entstehenden Fähnchen flattern die Telephonnummern und Adressen vier- oder fünfmal nebeneinander und winken einen heran, sie doch abzureißen.
Die heutige Deshurnaja, ihren Namen kenne ich noch nicht, begrüßte mich wieder mit so einem Lächeln, das es verbietet, einfach vorüberzugehen. Sie hat noch immer ihr junges Frauengesicht, die Züge darin sind geblieben, nur daß die Haut runzelt. Es ging so hin und her, und schließlich sagte sie, daß sie auch schon in Germanien war, während des Krieges, im Lager –, und dann steht man da, gegenseitig stumm, und weiß nicht, wie man voneinander wieder loskommen soll.
Dann das Interview mit einer Moskauer Tageszeitung – wir sind doch die erste kostenlose Zeitung Rußlands. Sergej, der Interviewer: beängstigend vornehm gekleidet, weißes Hemd, dunkler Schlips, schwarzer Mantel – wie sich dann herausstellte, Geschenke aus Hamburg –, ein vokabelreiches english, aber ich steckte aus irgendwelchen Gründen im Russischen, so daß es mir streckenweise eher gelang, die russischen Worte aufzufinden als die po angliski *(englischen)*. Nichts besonderes. Er war beeindruckt von der Idee, es kostenlos zu machen. Ich konnte erzählen, was ich wollte, in seinem Artikel werde ich wohl als der Erfinder dieser Art Zeitung dastehen. Und daß so etwas funktioniert, konnte er sich auch nicht vorstellen. Dazu sagte ich nichts. Oft sah ich nur sein schwarzes, borstiges Haar, das bei kürzerem Schnitt einen Igel ergeben hätte, weil er die meiste Zeit die englischen Fragen auf seinem Zettel studierte. Ein Kettenraucher von Mentholzigaretten, Marke Kim, mit der dazugehörigen Fahrigkeit. Nach einer Stunde waren wir froh, es hinter uns gebracht zu haben.
Am Nachmittag kam dann eine Hiobsbotschaft. Wir saßen zusammen und verplanten die Seiten, big Michael hatte gerade die Hand aus einer Tüte von Plätzchen nicht mehr herausbekommen, und da kam die Nachricht, daß die Papierpreise nach oben entsprungen seien. Hoffentlich gilt das nicht nur für uns. So wird es morgen ein Wiedersehen mit Hühnergott Kieselstein geben. Wir

haben gleich die Schmiergelder besprochen und die Begründungen, mit denen die Kuverts überreicht werden sollen.
Zwischendurch entwischte ich ins Gostinij Dwor und suchte die Aquarellfarben, fand auch die gewünschten. Allerdings sind es keine großen Kästen, nur kleine, dafür kaufte ich zwei. Abends suchte ich dann nach vorhergehender Beschreibung die Abteilung Malerbedarf auf. Aber da handelten sie vor allem mit Pampers. Dort gab es auch die Farben von zuvor. Na, wenigstens etwas. Herrliche alte Fotoapparate werden hier im An- und Verkauf dargeboten, uraltes Zeug. Soll ich einen Samowar mitbringen?
Ich besuchte dann die »Luftgansa« – die fliegen nicht am Donnerstag. Unvorbereitet traf ich auf den Typ der freundlichen Service-Dame, höflich, kundenfreundlich. Sie lächelt grauenvoll angestrengt und nur an Höhepunkten. Bei der ersten erlaubten Gelegenheit verlischt ihr Lächeln ganz abrupt. Da sich nun mein Kundenwunsch nicht erfüllen ließ, glaubte ich, sie biete mir vielleicht etwas anderes an. Aber sie tippte in ihren Computer und schloß dann: »okay, alles klar«. Ich war zu manierlich, um zu fragen, was denn okay und klar sei. Auf dem Rückweg, das Büro befindet sich fast auf dem Isaak-Platz, grübelte ich über die nächstliegenden Problemchen nach und fand es doch ganz schön, daß ich wie selbstverständlich durch Petersburg lief. Mir war es angenehm, dafür keinen Vergleich zu haben.
Ich habe im Brodskij einen schönen Artikel über die russische Prosa gelesen, eine Laudatio auf Platonow. »Ganz allgemein gilt, daß in jedem Gespräch über eine – ersehnte oder erreichte – Utopie die Grammatik das erste Opfer ist; denn da die Sprache mit dieser Art zu denken nicht Schritt halten kann, beginnt sie im Konjunktiv nach Atem zu ringen und zu außerzeitlichen Kategorien Zuflucht zu nehmen. Dadurch entgleitet selbst den einfachsten Substantiven der Boden unter den Füßen, und allmählich umnebelt sie eine Aura von Willkürlichkeit.«
Nos ist dabei, das Bad zu verlassen. Es duftet in der ganzen Wohnung. Ich soll die Fenster schließen, damit sie sich keinen Schnupfen holt, stell Dir vor, Nos mit Schnupfen, das wäre grauenhaft.
Ich werde Dir noch ein paar Zeilen von Dostojewskij vorlesen, mich plagt hier die Müdigkeit, – ich habe mir zwei Flaschen Jever aus dem Gostinij mitgebracht. Vielleicht ist es der ungewohnte njemezkij *(deutsche)* Alkohol, sei umarmt und einen Nachtkuß
Mein Lieber, Lieber, eben haben wir uns gesprochen; ich wünsche Dir einen besseren Tag als gestern, ohne Schlucken, mit viel Sonne, die Deine Blumen bescheinen und erleuchten soll, ich streichle Dir den Bart und die Hände

20. Januar 4:58 Nos badet wild-western gefährlich, ist aber durch nichts zu beeindrucken – (19. Januar)

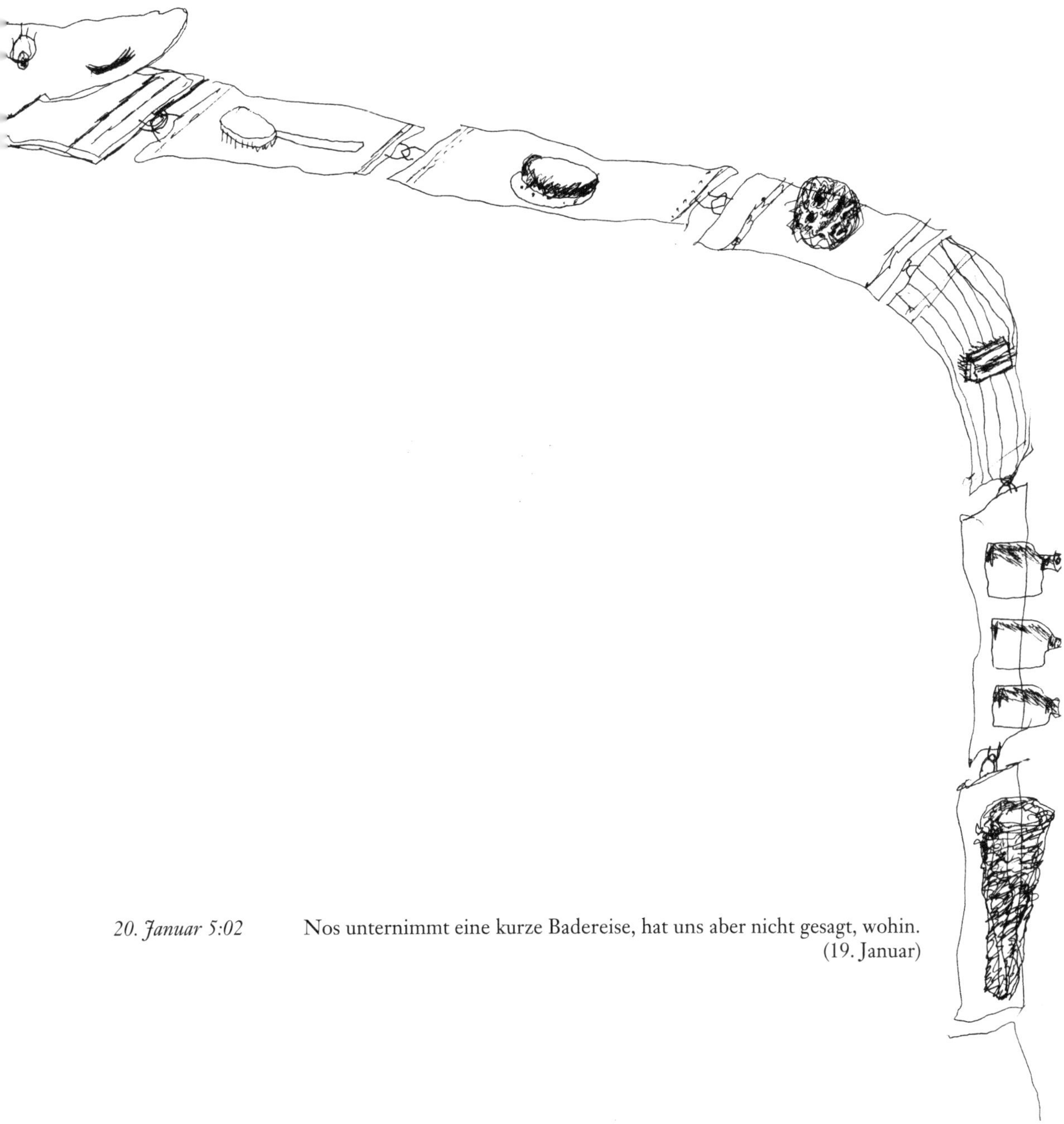

20. Januar 5:02 Nos unternimmt eine kurze Badereise, hat uns aber nicht gesagt, wohin. (19. Januar)

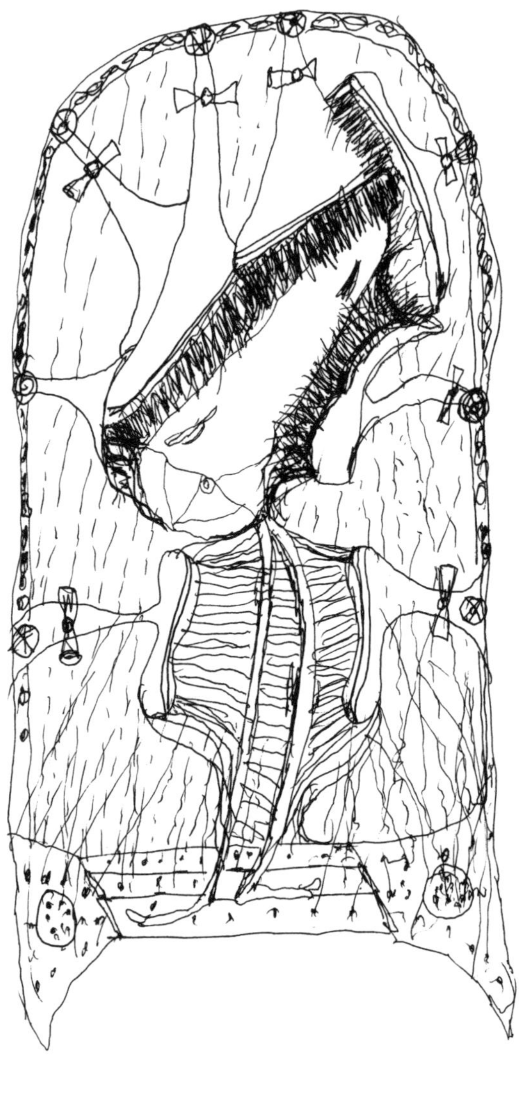

20. Januar 4:57 Nasenwaschanlage (19. Januar)

20. Januar 5:03 Wolkendusche (19. Januar)

Lieber Helmarotschka,
fast hätte ich mir eben die Miliz auf den Hals geholt, da ich so in Gedanken vertrottelt war, daß ich vergaß, die Alarmanlage auszuschalten. Es blieb aber bei einer telefonischen Schelte, als ich es dann doch merkte. Ich wollte Euch entgegen aller Erfahrung anrufen und merkte, daß das Telefon nicht funktionierte, und überlegte und überlegte, bis ich auf die prowerka *(Alarmanlage)* kam.
Kein Grund zum Klagen, aber es ist doch ungesund, den ganzen Tag in diesem Hause zuzubringen – von dem Ausflug ins Druckhaus einmal abgesehen. Diese und die nächste Ausgabe, dann müssen sie es allein können.
Hier ist alles jederzeit so unsicher, daß Jelena heute aufseufzte, wie schön es doch wäre, unter normalen (sie meinte: westlichen) Bedingungen eine Zeitung zu machen. Aber da könnte man gar keine machen. Und das tröstete sie dann auch wieder. Da sie im Druckhaus den Chef, der unsere Papier-Verträge unterschrieben hat, gefeuert haben und das Papier schon wieder teurer geworden sei, ging alles noch einmal von vorne los. Müßig, das alles zu erzählen, wenn es nicht so kurios wäre. Wir wurden bei irgendeinem Generaldirektor vorstellig, zu dem uns Kieselsteinchen selbst führte. Das Anliegen bestand darin, daß dieser einen unterschriebenen Durchschlag bestätigte, weil sich das Original nicht mehr finden ließ. W konze konzow *(am Ende)* lief diese Aktion nach Deutung von Jurij und Lena nur darauf hinaus, dem natschalnik *(Chef)* zu zeigen, was für honestly customers Kieselsteinchen hat. Dieser Boß verfügte über ein sehr großes Büro mit Blick auf die Fontanka. Über ihm saß Lenin und studierte die Prawda, das findet sich noch oft, ist aber ansehnlicher als der bewußte leere Haken mit dem hellen Fleck. Der Boß hat eines dieser reglosen Gesichter, die mit gerötetem Fleisch behangen sind. Als er dann sprach und sogar ob eines seiner Sprichwörter lächelte, schimmerte Intelligenz darin auf. Und als er dann zum Abschied gar hinter seinem Tisch hervorkam, war der Körper viel jünger als dieser Kopf.
Bei Kieselsteinchen war außer einem aufmunternden Lächeln und einem Kratzfuß, als ich ihm ein Kuvert als »Dank für die gute Arbeit an der ersten Nummer« übergab, nichts zu erreichen – ein absurdes Treffen, und es war so dringlich anberaumt worden. Vielleicht erfahre ich noch in dieser Woche, wie alles weitergeht.
Wieviel lieber ginge ich mit Nos auf der Schulter in die Eremitage oder klapperte im Antiquariat herum, aber das muß ich mir für »nach der Reise« aufheben.
Nos über der Stadt, das war natürlich ein Ereignis. Die Telephone klingelten

20. Januar 4:59 Nase im Hühnergott (19. Januar)

ununterbrochen. Jeder zweite Anrufer ist ein Rentner, der sich bedanken möchte. Ich sehe es an Ljubas erfreutem Gesicht, das dann immer mehr einen Ausdruck annimmt, als klebe zwischen ihrem Ohr und dem Hörer ein guter Kaugummi. Heute gab es sogar aufmunternde Worte von Antisemiten. Es ist ein Graus, wie selbstverständlich das daherkommt. Jelena kennt dann keine Höflichkeiten mehr, barsche Gesten und kurzes Kopfschütteln. Ich mußte erst einmal begreifen, worum es ging. Allerdings werde ich mir diesen Wisch wieder aus dem Papierkorb herausziehen.
Gegen zehn Uhr abends, als mich der Hunger beutelte, wünschte ich mir laut einen Pizza-Service. Das nahm niemand für einen Scherz. Das sei halt teuer, war die einzige Reaktion. Big Michael bestellte sofort. Eine Pizza 11 Dollar. Als sie nach zwanzig Minuten kamen, war es eine der größten und besten, die ich je gegessen hatte. An Big M. ist wohltuend, daß er weiß, daß er hier für ein Butterbrot arbeitet. Also hat er auch keine Hemmungen, solche Dinge anzunehmen. Bei den anderen ist das nicht so einfach. Leider hat sich Big M. offenbar lange nicht gewaschen, und er stinkt ein bißchen. Außer mir scheint das niemand zu bemerken. Schlimmer als der heimische Computermann ist er aber nicht. Ich nehme es in Kauf, denn er kann als einziger alleine eine Seite gestalten.
Mein Lieber, noch schnell ein paar Zeilen aus einer Rede von Brodskij vor irgendwelchen Studenten. Eine der schönsten Reden, die ich kenne. Ich müßte Dir alles abschreiben, aber ich bringe es dann mit: »Aus demselben Grund sind extremer Individualismus, selbständiges Denken, Launenhaftigkeit, ja, wenn Sie so wollen: Exzentrizität, der beste Schutz gegen das Böse. Das heißt, alles was nicht vorgegeben, vorgetäuscht, imitiert werden kann; etwas, mit dem selbst ein erfahrener Betrüger nicht glücklich sein könnte. Mit anderen Worten, etwas das man nicht mit anderen teilen kann, wie die eigne Haut; nicht einmal mit einer Minderheit.«
Helmarotschka, ich weiß, das ist ein ödes, kurzes Fax, aber ich bin krach-bumsfall müde und habe keinen Elan mehr, irgend einen Funken aus diesem Tag zu schlagen.

20. Januar 22:46 Gemeinschaftswerk Julia + Helmar. Heißa, hopsa, bald ist Ingo-Tag!
(20. Januar)

Helmarotschka,
da bin ich wieder, wieder auf dem Fax, und Deine lieben, großen, blauen Augen werden die wenigen Zeilen erwandern, die ich Dir wie ein Floß unter den Wolken zuschiebe, und sie sollen Worte tragen, die aus dem Papier hervorkommen und Dich warm und leicht berühren, dort, wo Du es gerade brauchst, auf der Brust, auf Deinen Wangen, auf der Stirn. Es gab heute Minuten, da erschien es mir als etwas Aberwitziges, wieder nach Petersburg zu fliegen. Und da half nur eines: irgendetwas lesen, nicht duseln und aus dem Fenster schauen. Viel ist nicht geworden, nur das schlimme Erlebnis mit der Raskolnikow-Ausgabe, ein Kapitel Text, vier Kapitel Zusammenfassung, der wahrgewordene Traum von Literaturwissenschaftlern – grausig. Ich las dann Platonow, zum ersten Mal, muß ich gestehen – die Epifaner Schleusen, – eine Erzählung aus der Zeit Peters des Ersten. Ein englischer Ingenieur, der Rußland mit einem Kanalsystem versehen soll, damit man von Indien geradewegs noch Petersburg fahren kann. Er schafft es nicht, ohne selbst Schuld zu tragen, und wird grausig hingerichtet. Mehr scheint es nicht an Aussage über dieses Land zu bedürfen als diese Geschichte, und dabei ist sie noch viel mehr. Das andere eine Geschichte über eine Stadt zur Zeit der frühen Sowjetmacht, wahrscheinlich das, was Brodskij in seinem Essay so hervorhob. Es lag mir in diesem Moment aber ferner. Eine irrsinnige Denunziation des Ganzen – unvorstellbar, daß man P. überhaupt am Leben ließ. Dann wechselte ich aber doch zu Dostojewskij.
Ach Helmarotschka, hoffentlich büßt Du unsere schwebenden Tage nicht mit Erschöpfung und Schmerzen. Ich denke so an Dich, an Euch, als würden mich Eure Stimmen und Bewegungen noch umgeben –, aber das tun sie ja auch.
Ich habe mich schon fast an diese Art Reisen gewöhnt, bei der der eigene Körper so durch die Welten geschoben wird. Es ist ein verderbliches Reisen, weil der Weg des »Dazwischen« gar nicht mehr existiert, nur noch als Abfahrts/FlugZeit und AnkunftsZeit. Ob Umleitung oder schlechtes Wetter, spielt keine Rolle. Auch wenn ich das Abheben des Flugzeuges mit dem ganzen Körper genüßlich aufsauge – für mich so schön, als würde ich mich in ein heißes Bad setzen –, schaute ich heute erst aus dem Bullauge, als wir schon mitten in den Wolken steckten. Ein kleines Flugzeug, das alle Passagiere zusammendrängte wie in einem Schichtbus. Und als Schichtbus empfand ich es dann auch. Natürlich sah ich aus dem Fenster. Anfangs lag das Sonnenlicht noch daneben, bis es sich allmählich wegzog, erst von der Tragfläche, dann von den Wolken, dann nur

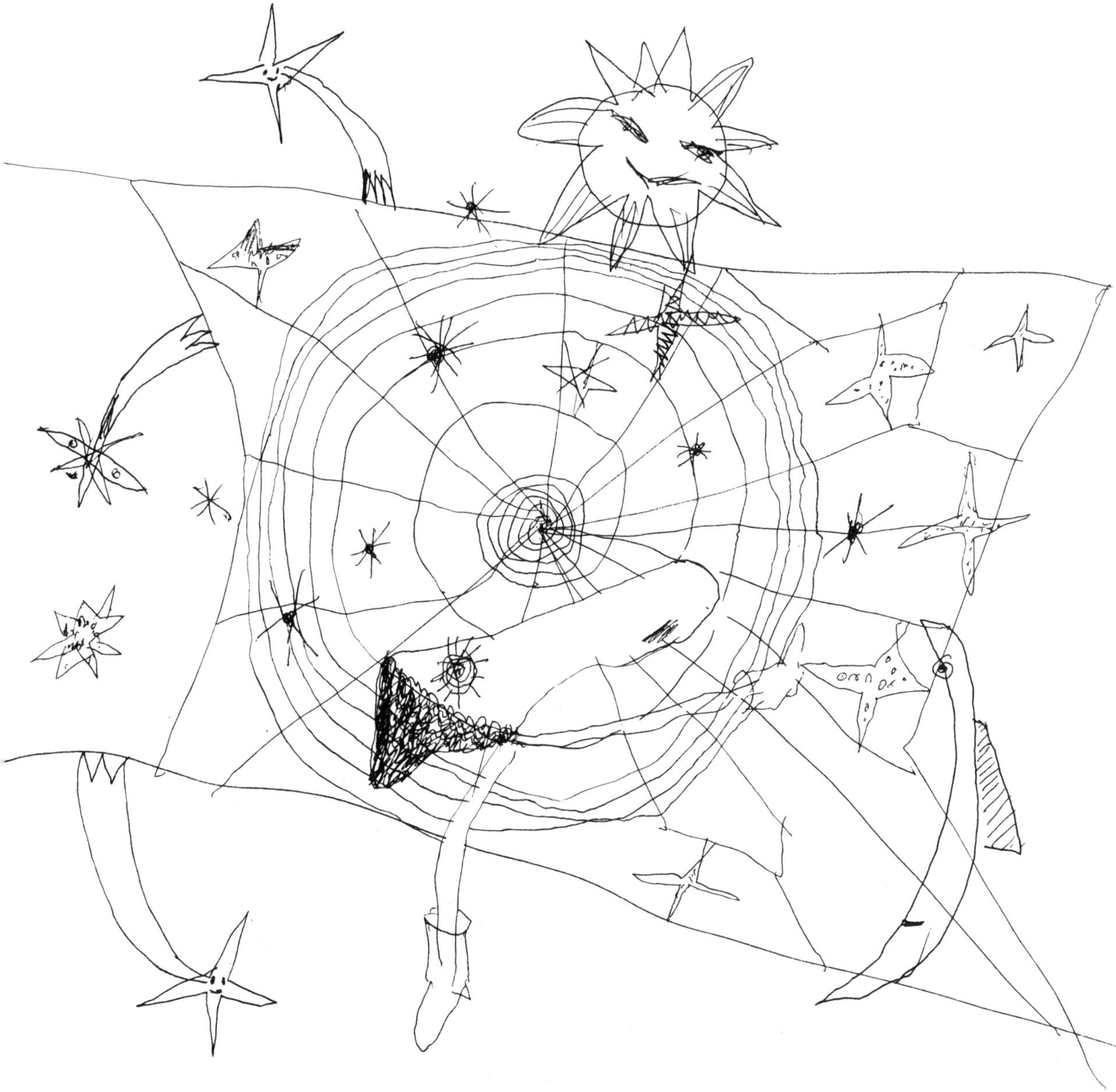

27. Januar 20:12 Nos noch etwas durcheinander, aber glücklich in allen Himmeln versponnen. (27. Januar)

noch wie der Widerschein einer großen Stadt im Westen, bis alles endlos gleichmäßig und blaugrau dalag. Eine Weite, die nichts in sich birgt, was eine Ankunft verheißen könnte.

Zehn Grad minus. Der Baustellenweg in die Abfertigungshalle, diesmal alles ganz schnell. Nach ein paar Minuten war ich draußen, und Chidekel stand schon da. Auch die Dollars bekam ich wieder, als würde ich eine Metrokarte lösen. Mir schien das alles wie die Ankunft des Studenten in Jena nach einem »verlängerten Wochenende«. Und trotzdem war das welcome in der Wohnung so, als wüßte ich nicht, ob das alles so weitergehen kann wie in dem Leben, das ich zuvor hier gelebt habe –, aber anscheinend geht es.

Ich mußte noch Geld beschaffen, d. h. tauschen. Die Pförtnerin, die, die ein paar Brocken Lagerdeutsch kann, schenkte mir ein kleines russisch-deutsches Wörterbuch. Ich werde es dem Langenscheidt nun vorziehen. Die Zimmer bei TASS waren schön aufgeräumt, mit Fotografien an den Wänden, so hoch gehängt, als sollten sie vor Diebstahl oder Berührung geschützt werden. Wieder die Frauen an der Metrostation, die ihre Würste und anderes anbieten. Vielleicht können sie sich selbst nicht das leisten, was sie hier verkaufen.

Die Werbung ist nicht allzu üppig, aber stolz lagen bereits fertig gestaltete Seiten da. Schon fast die Hälfte, das muß ich morgen feiern.

Da mir das Brot ausgegangen ist und ich vergaß, an der Metro einzukaufen, machte ich mir als Grundnahrung Spaghetti. Aber keine Bange, das war auch nur ein Rest, so daß ich meinem Bauch nichts Böses zufügte.

Nos erkundigt sich sehr nach Dir. Sie sendet Dir ihren sanftesten Nasenkuß, auch den mit heilender Wirkung. Allerdings hat sie sich am ganzen Körper gerümpft, als ich ihr erzählte, daß Ihr meine Hausschuhe nicht mehr ausgehalten habt.

Ich glaube, sie beschnuppert jetzt heimlich hier meine Schuhe. Ich mußte sehr lachen – mit rotem Kopf.

Helmarotschka, guten Schlaf am Tag und in der Nacht, kein Schlucken (poch, poch, poch), liebe Augen und Hände hast Du ja um Dich, und wenn Du nicht schlafen kannst, dann ruf doch einfach an, – ich meine das ernst.

Mit Kuß und Kuß und Kuß und Nos-Schnief.

 27/1/93

Guten Morgen, dorogoj Helmarotschka,
Ihr werdet jetzt hoffentlich beide gut schlafen, ohne einander zu stören. Nos und ich haben die Nase voll vom Zeitung-Machen, sind auch fürchterlich verqualmt, vom eigenen Gequalme, aber noch mehr von dem der anderen – Belomorskoje vorzugsweise, morgen noch, und dann haben wir erst einmal wieder ein bißchen Luft ...
Die Montale-Gedichte lasse ich jetzt keinen Tag aus. Wenn ich es richtig überschlage, dann muß er jeden Monat eines seiner poems geschrieben haben. Das ist gar keine schlechte Ration, um das eigene Leben in der Schwebe zu halten, immer etwas da, woran sich denken und womit sich leben läßt –, und Dir gelingt fast täglich eine oder mehr Nos(ies). Helmarotschka, ich bewundere so sehr Deine Ideen, und daß Du das aufs Papier bringen kannst.
Hier ist es jetzt angenehm kalt, das richtige Spaziergängerwetter. Wir holten heute die zweite Ausgabe aus der Druckerei. Es kommen auch immer Leute, um sich die Zeitung bei uns abzuholen. In einer Moskauer Zeitung soll ein Artikel gestanden haben, daß es jetzt in Petersburg eine neue, eine kostenlose Zeitung geben soll, und die wäre für die Leute auf der Straße, für diejenigen, die kein Zuhause hätten – zum Zudecken. Mischa erzählte das. Das wäre ja schon eine ganze Menge.
Es gab ein richtiges Wiedersehen heute, mit langen Erzählungen, deshalb vertrödelten wir den Tag bis zum Mittag. Helmarotschka, mir fallen einfach die Augen zu. Abends war ich noch schnell bei den Mütterchen einkaufen, die bis tief in die Nacht vor den Kiosken stehen; es sind auch Männer dabei, Arbeitslose. Ich glaube, daß es so ist, daß sie normale Waren sich im Wortsinne »erstehen«, um sie dann weiterzuverkaufen, wobei der Zuschlag dafür ist, daß der Käufer sich nicht anstellen muß. Es sind ganz gewöhnliche Dinge: Ein Mann, vielleicht Anfang, Mitte fünfzig, verkaufte Weißbrot – ich sah es dann noch bei mehreren. Als ich noch einmal zu ihm kam, um ein zweites zu kaufen, bedankte er sich dafür und wollte es mir statt für sechzig für fünfzig Rubel geben. Ich kaufte zwei Konserven, auf denen ein Kuhkopp abgebildet war. Es war aber nicht die ersehnte Kaffeesahne, sondern Rindfleisch. Die Deckelprägung hat ein Datum vom Mai 92. Ich tröste mich damit, daß es vielleicht das Produktionsdatum ist. Die Büchse kostete hundertzwanzig Rubel. Dann kaufte ich noch für 600 Rubel 400 Gramm Wurst. Sie schneiden sie sehr schräg auf, da sehen die Scheibchen groß aus. Ein Glas Gurken für über hundert Rubel und dann den

27. Januar 22:34 Nos im Spiegelkabinett (27. Januar)

27. Januar 22:35 Eine neue Südfrucht (27. Januar)

bekannten Schmelzkäse für 60 Rubel. Als ich das Geld aus der Tasche kramte und wieder aufblickte, war die Frau im Begriff, wegzugehen. Junge Polizisten, mit langen, schwarzen Schlagstöcken in der Hand, gingen durch die aufgereihte Schar der Verkäuferinnen, die sich wegdrehten und ein Gespräch mit ihrer Nachbarin mimten. Es war ein Effekt, als würden Betrunkene ihre Bahn durch die entgegenkommenden Passanten ziehen. Innerhalb einer Minute hatte sich alles aufgelöst und wieder zusammengefunden. Das ging irgendwie noch, man spürte den Auftrag, aber auch die Nachlässigkeit der Uniformierten. Plötzlich gab es dann ein richtiges Geschrei. Eine Frau von vielleicht vierzig, sie sind alle sehr eingemummelt, stürzte mit an den Unterarmen baumelnden Einkaufstaschen an mir vorüber. Andere liefen los, nicht so lässig wie kurz zuvor. Es waren zivile oder selbsternannte »Polizisten« aufgetaucht, die in dicke Anoraks gekleidet waren und mehr wie Skilehrer aussahen. Sie nahmen zwar niemanden mit, aber viele rannten weg. Der Brotverkäufer sagte mir, er hat keine Arbeit mehr, und daran sind Jelzin und Sobtschak schuld. Denn einmal würden sie sagen, wir dürfen, dann wieder nicht, dann wieder doch, »i tak daljeje« *(und so weiter.)*.
Ich habe solche Lust, die verschiedensten Dinge zu machen, aber jetzt geht nothing more.
Sehr bei Dir, my dear, ich wünsche Dir für heute einen wunderschönen Tag, mit Sonne und ohne alle Plagen, heute gehe ich Farben kaufen.

29. Januar 7:49 28/1/93

Helmarotschka, König aller Nasen,
von Alexanders Kassette röhrt Tom Waits ganz innig. Ich möchte ihn am liebsten in den Telefonhörer singen lassen, sehr leise, sehr schön …
Die zwei Tage, vor denen mir bange war, sind jetzt überstanden, so la la. Heute ging ich schon, als noch am Computer gearbeitet wurde. Das ist doch ein Fortschritt, nicht wahr? Auch die schwarzen Tage sind fast vorüber. Es gibt jetzt schon späte Morgen und frühe Abende, die paar Tage Unterbrechung lassen mich das besonders spüren. Verspätet brachte ich heute die Zeitung ins Druckhaus, im anderen Beutel hatte ich anderthalb Kilo Rubel, um die Rechnung zu bezahlen. Aber da die Hauptbuchhalterin auf einer langen Sitzung war, ging ich mit dem Plastebeutelchen wieder davon, an der Fontanka entlang, dann zu den Marktgebäuden, die sich zwischen Sadowaja und Fontanka befinden. Auf dem

28. Januar 23:19 Nos auf dem Schwarzmarkt (28. Januar)

Stadtplan, den ich Dir daließ, sind sie eingezeichnet. Auch wenn dieser riesige Innenhof übersichtlich gebaut ist, enden doch viele Wege als Sackgassen. Die Häuser sind entstellt von zig Stromleitungen, der Putz fehlt, zumindest die Farbe, heruntergerissene Balkons, die Lieferautos, die Waren aus den Depots holen oder bringen, reiben ihr Eisen an den Mauerecken und Torscharnieren. Wie Vögel befielen drei Männer einen Container voller leerer Kartons und zerrten weg, was sie mit ihren Armen und Händen an sich halten konnten. Auf dem Schwarzmarkt ist der Teufel los, deshalb wahrscheinlich jetzt auch die viele Polizei, die (ich weiß es nur vom Hören und Sagen) durch die Dollartypen stöbert. Vor kurzem schrieb ich Dir, daß 500 Rubel für einen Dollar geboten werden. Das schien astronomisch. Heute nachmittag sah ich bei einer Bank den offiziellen Kurs von 587 Rubeln für einen der grünen Scheine, d. h., der Schwarzmarkt liegt schon einiges über 600. Gerüchte über einen Personalwechsel im Geld-Ministerium sollen der Grund sein. Wer soll da noch bezahlen. Ich weiß auch noch nicht, wie ich damit zurechtkommen soll. Entweder ändern wir von Ausgabe zu Ausgabe den Anzeigenpreis – ein Unding! –, oder bei Dollar- bzw. Centangaben wird es unerschwinglich.
Ich freue mich über die Farben, die ich kaufen konnte. In der Schlange vor mir standen chudoshniki *(Künstler)* mit schönen, bärtigen Gesichtern. Wir beäugten uns – viel fehlte nicht mehr zu ein paar Worten. Aber die Plätze in der Schlange waren doch zu unterschiedlich. (Vom Samowar schreibe ich nichts, mir gefällt er, dann koche ich halt damit das Wasser …)
Als ich hinausging, lief ich Zigeunern in die Arme, die ich erst gar nicht als solche erkannte, so eingemummelt waren sie in Pelze und Tücher. Erst später sah ich in die dunklen Gesichter. Bei einer Älteren hingen Augen- und Mundwinkel so weit nach unten, daß es nicht nur Bitternis, sondern geradezu Ekel ausdrücken wollte. Ich verstand nicht, was sie sagten, nur daß es ums Geld ging. Ich kaufte mich frei und versuchte zu entkommen, aber das ging nicht, denn nun folgten mir zwei Weiber – munter schlenkerte der Plastebeutel –, die sich das Geld durch Handlesen verdienen wollten, so verstand ich sie zumindest. Schließlich rannten schon zehn oder fünfzehn mit mir mit und hielten mich am Ärmel fest. Die Entgegenkommenden sahen mich mitleidig an. Ich weiß nicht, welchen Fehler ich gemacht hatte. Wahrscheinlich ist es meine Nase, die mich verrät. Auch wenn ich leicht panisch versagte, kroch mir plötzlich ein rumänischer Fluch auf die Lippen, und den schrie ich dann heraus – als würden sie das verstehen können: »Du-te la dracu'« *(Geh zum Teufel)* – nichts erleichtert besser als dies. Ich rannte weiter, und sie ließen endlich ab.

Das sind die wenigen Minuten, die ich mich aus dem Haus traue und nicht in einem dieser winzigen Zimmer mit hohen Fenstern verbringe.
Ich kaufte noch ein, in ganz normalen Geschäften, fünf kleine Pampelmusen (Grapfruity), fünf Zitronen (Lemony), eine Apfelsine – etwas über 700 Rubel, dann noch 300 Gramm Käse und zehn Eier – 360 Rubel. Wer normal verdient, kann sich nicht satt essen. Die Eierverkäuferin war so dick, daß sie in ihrer Masse wie ein Reptil gefangen war und sich jedesmal zu überlegen schien, ob sie den Weg hinter ihrer Theke zu den gewünschten Waren nun geht oder es bleibenläßt. Ihr Kittel, in weiß und gelb, spannte über ihrem Pullover, und an ihren Seiten erschienen große Falten. Auf ihrem Kopf trug sie eine Schapka. Und dann lächelte sie, als mein Kleingeld um wenige Rubel vor dem gewünschten Betrag zu Ende ging und nun sie die Mühe des Wechselns hatte.
Nos ist ärgerlich, daß ich so wenig Zeit für sie habe. Sie fragt alle paar Stunden, was wir denn am Wochenende zusammen machen werden. Da Du ihr erlaubt hast, meine Mütze zu tragen – ihr Käppchen auf meinem Nischel geht leider nicht –, verbringt sie viel Zeit auf der Straße. Denn es ist richtiges Spazierwetter. Irgendwann will sie mir den fehlenden Knopf an den Mantelkragen nähen, damit ich ihn nicht mit der Hand unterm Hals festhalten muß. Ich kann mir allerdings nicht vorstellen, wie sie das bewerkstelligen will – ein Rätsel.
Lieber Helmarotschka, da ich die Müdigkeit nicht loswerde (Mischa, der Agent, entschuldigte sich heute wegen dringendem Schlafmangel), springe ich jetzt ins Bett, nehme noch meinen Zettel mit den täglichen zehn Vokabeln mit (habe eine Zusatzvokabel: proschórliwoschtsch – Freßgier) und werde sehen, ob ich auf russisch einschlafen kann.
Vielleicht schlaft ihr schon, ich freue mich wieder auf Deine Stimme morgen …

30. Januar 12:41 29/1/93

Guten Tag, Helmarotschka, Du liebe Telefonstimme,
ich habe es heute morgen schon oft versucht, zu Dir zu kommen, aber das rote Auto, das ich in meinem Bett geparkt hatte, wollte für solch eine weite Fahrt nicht anspringen. Es ist ein Zweisitzer, lange Motorhaube, langer Kofferraum, so wie sie vor zwanzig und mehr Jahren in Mode waren. Nur daß das Fahrergehäuse über den Sitzen etwas höher als erwartet ist, denn darunter muß ich meine Hand schieben, es hochheben. Ich spreche in die Unterseite der Kofferklappe und höre

30. *Januar* 7:14 (29. Januar)

aus der Unterseite der Motorklappe. Versuche ich zu wählen, habe ich statt der Sitze zwölf schwarze Knatterknöpfe. Aber ich bin schon gegen diese home-Telefone abergläubisch geworden. Mit ihnen gelingt mir kaum mal etwas. Helmarchen, wir reden gar nicht darüber, es ist nur so wunderschön, Deine frohe Stimme zu hören.
Ich schreibe Dir heute zum ersten Mal bei Tageslicht, habe den Vorhang hinter mir aufgezogen, reibe meine Augen und warte auf das Kaffeewasser.
Gestern war ein angenehmer Tag, das liegt wohl auch immer am Gewecktwerden. Ich war sehr früh da und konnte vieles vorbereiten, und dann verging auch das gefürchtete Gespräch ganz sanft. Das ist unser Vertriebshüne, ein Kraftsportler auch im Gesicht, darüber die vom vielen Mützetragen schweißklebenden Haare. Und fürchterlich launisch, und so ein Abblocker, das geht nicht, das geht nicht, das geht nicht –, das würde ich noch schlucken, gäbe es nicht andere, die sich so viele Gedanken machen und ständig Vorschläge bringen und auch die Leute dazu haben – »If you want«. Außerdem verdient er das meiste. Ich gebe ihm von meinem Geld noch monatlich hundert Dollar, damit er gegen kleine Schmiergelderpressungen gewappnet ist. Ich war nur so ärgerlich, weil er behauptete, ich hätte ihm mehr versprochen. Und ich Idiot zog erst den Kopf ein und überlegte schuldbewußt, bis ich mir ganz sicher war, daß es nicht so ist. Und da war ich sehr, sehr wütend. Er erfüllt das Bild des störrischen Russen, wie es der »Patrone« (so nennt Jurij den Mr. Jeep) mir immer geschildert hat und wie es mir selbst sonst nie begegnet ist.
Nach der zweiten Nummer gab es wieder so viele Anrufe. Ich war im Büro der Agenten, da klingelte jede Minute das Ding. Wir brauchen nur ein bißchen Zeit. Jurij tröstete mich – obwohl ich sagte, das sei doch alles gar nicht so unnormal –, die anderen Zeitungen seien ziemlich nervös ob unseres Erscheinens. In der Kantine, ich sah der Chefsekretärin in dem Moment ins Gesicht, als sie gerade ein Messer ableckte, gab es »Tischklopfen« wie in der Uni, als einer der TASS-fotografen ziemlich laut verkündete, ganz Petersburg lese Priwet, und mir einen Hieb auf die Schulter gab. Nelli und Lena saßen grinsend am Tisch. Nelli meinte, es mache ihr dennoch mehr Spaß, die Zeitung zu machen, als sie zu lesen. Lena hat ein Traumangebot von Amerikanern abgeschlagen, für sie zu arbeiten. Sie begleitete mich dann ins Druckhaus. Der dritte Anlauf, meine Plastetüte loszuwerden. Zuerst landeten wir beim Hauptbuchhalter, ein winziges Zimmerchen, in dem zwei Damen saßen. Die eine addierte endlose Zahlenreihen, vielleicht fünfzehnstellige Zahlen, die andere, die Chefin, war in Panik und suchte einen Hefter. Ständig kam jemand herein. Hier werden die Räume ohne

anzuklopfen betreten. Dennoch blieb sie freundlich zu uns. Wir hockten auf zwei Stühlen, womit das Zimmer nun endgültig überfüllt war. Das Gesicht der Buchhalterin kroch an uns vorbei in einen Schrank. Sie hat noch einen letzten Schimmer von Frauenschönheit im Gesicht, noch ein, zwei Jahre, und er wird weggefressen sein von dieser Arbeit. Ein Dämchen kam herein, lehnte sich auf das Fleckchen freigebliebener Schreibtischplatte und flüsterte der anderen aufreizend auffällig eine Minute lang ins Ohr. Die Augen der Zuhörerin wurden mit einemmal ganz groß, und sie wich zurück. Nach zehn Minuten gab sie uns eine Unterschrift und schickte uns in einen anderen Raum. Lenotschka sagte nur die Zimmernummer, und wir gingen. Dort warteten wir zwischen Katzenplakaten, einer Grünpflanze und alten neuen Möbeln. Schreibtische kreuz und quer im Zimmer, allerdings Blick auf die Fontanka, die ganz weiß beschneit ist. Dort inspizierte das Dämchen wieder alle Tische. Eine der Damen gab uns eine Unterschrift schon nach fünf Minuten, und wir wurden in einen anderen Raum geschickt. Lena sagte wieder nur die Zimmernummer. Dort saß dann das Dämchen an seinem eigenen Schreibtisch und las den beiden anderen eine Namensliste vor, und sie lachten im Kollektiv über die Ulkigkeit dieser Namen. Mich überfiel eine grenzenlose Müdigkeit. Auf einem nicht angebotenen Stuhl, den ich mir mit einem Hefter teilte, wartete ich ab. Lena mußte mit unserem Papier zweimal von hier aus in ein anderes Zimmer. Nach einer halben Stunde war es dann geschafft. Unter Nennung einer weiteren Zimmernummer verließen wir endlich diesen Raum, auf zur Kassiererin. Diese thronte hinter einem Gitter in Sonnenform und meinte, viel Geld sei gutes Geld. Das hätte sie aber nicht sagen sollen. Erst ordnete sie alle Scheine und versuchte dann, sie durch eine Zählmaschine zu schicken. Kaum war das Bündel in die Maschine gelegt, flatterten unten Scheine heraus. Und nichts tat sich sonst. Von neuem fütterte sie die Maschine, wieder witschten ein paar Scheinchen hindurch. Das verwunderte »Hm« der korpulenten Dame in Blau wurde zu einem »oi-oi«, untermischt mit Seufzern, die in dem klassischen Spruch endeten: Russische Maschine. Sie hat ja recht, aber es bringt mich hier zur Verzweiflung. Das Wort »russisch« hat so einen fürchterlichen Klang von unvermögend, kaputt, veraltet –, und sie identifizieren sich selbst mit russisch. Langsam wächst es mir in Fleisch und Blut, daß mit der Oktoberrevolution die Katastrophe für dieses Land begann. Ich wehre mich immer dagegen, aber es hat den natürlichen Boden dieses Landes ausgeschabt. Jeder Tag ein Wunder, daß immer noch etwas übrig ist, wovon gelebt werden kann. Wir standen also vor diesem Sonnengitter und sahen den Versuchen, mit der Zählmaschine zu arbeiten, zu. Hinter uns bildete sich eine Schlange. Endlich

30. Januar 7:16 (29. Januar)

begann die Kassiererin, mit der Hand zu zählen. Mir fehlt jetzt die Lust, all das zu beschreiben. Wir standen eine geschlagene Stunde dort. Vier Versuche waren nötig, die alle ein unterschiedliches Ergebnis zeigten. Erst war ich belustigt, dann ungeduldig, dann sauer, weil ich noch ins Antiquariat wollte, dann stumpfte ich ab. Schließlich wollte ich, daß es möglichst lange dauert, damit das Fiasko offensichtlich werde.

Lenotschka stand daneben, wir machten Witze, aber ich spürte, wie peinlich ihr das alles war. Nach einer Stunde bekam ich über 8000 Rubel zurück, nachdem wir achtundzwanzig Kopeken zusätzlich einzahlen mußten. Niemand weiß, warum, denn es war eine glatte Zahl bis zu der Zehnerrubelstelle. Lena entschuldigte sich. Für heute Antiquariat ade. Damit war die story nicht zu Ende. Ich mußte zum Agentenbüro. Dort hatte Ljuba schon angerufen, das Druckhaus habe sich gemeldet, die Einzahlung sei nicht korrekt. Nach einer halben Stunde wieder ein Anruf, die Einzahlung sei doch korrekt. Mit big M. dann zum Kino. Eine Fahrt durch Kälte, wie ich sie selten erlebt habe. Denn obwohl es nur minus fünfzehn Grad waren, macht das nahe Wasser die Kälte unerträglich. Wir fuhren auf der Wassilij-Insel über den großen Prospekt und schlitterten vor dem Kino auf den Parkplatz. Da ich nichts gegessen hatte außer einem Baran-Schaschlyk aus der Kantine, das ich vor lauter Knorpelgebeiße zur Hälfte hatte liegenlassen, plünderten wir im eingespielten Duett die Kinobar, mit big M. immer ein Vergnügen, immer gespickt mit stories. Als wir bestellten, waren wir allein, als wir alles wegtrugen, standen hinter uns vielleicht zehn Leute.

Die chudoshniki kamen im Schwarm, keine schönen Frauen dabei. Wiktor überbrachte mir die Kunde, eine »general-managerin« der Philharmonie wünschte mir vorgestellt zu werden. »Wnimanije!« *(Achtung!)* – eine kleine Frau, eingehüllt in ein weißes Tuch und von einer eckigen Persianermütze gekrönt, ein Englisch, wie man es halt verstehen kann, so wie das meinige. Es ließ sich noch halbwegs gut an, auch wenn ihre spitze Nase warnend dastand. In dem riesigen Kinosaal mit endlosen Reihen von Holzsitzen war es kalt wie im Vorraum. Jeder zog seinen Mantel über sich zusammen. Ein Film schwarz/weiß über ein Pionierlager in den Fünfzigern, mit allen schmerzlichen Ritualen. Ein Junge, der sich allein zu einem See rettet, seine Erinnerungen an seinen Vater. Am schönsten war eine Szene mit Tarkowskij-Schauspielern, die zusammen trinken und Kraftproben veranstalten. Trotzdem blieb es einfach belanglos. Zwei Kerle machten sich lustig über die langen Einstellungen und miauten in den Saal. Meine Nachbarin, die Managerin, stand auf und ging zu ihnen, diskutierte und kehrte wieder zurück, das Miauen begann erneut. Anschließend Diskussion, jeder dachte an warmen Sommer. Wiktor und ein weiterer Mitki, wohl der Begründer der Gruppe, taten so, als würden sie auf Fragen antworten, und entrissen sich das Mikrofon gegenseitig. Aus dem Zuschauerraum war noch keiner zu Wort gekommen. Plötzlich stolzierte die Managerin los, ging auf die Bühne und setzte sich auf den freien Stuhl, der da noch stand, und stimmte einen Dank auf die Künstler an für diesen schönen Film, – und blieb dann dort sitzen, es gefiel ihr wohl. Big M. meinte, »she is a little bit crazy«. Viele fanden den Film blöd und sagten das auch. Da aber die nächste Vorstellung sich ankündigte, wurde Wiktor mitten im Satz unterbrochen, und das war das Ende. Trotzdem noch einmal Abschiedsapplaus. Sie sind nett mit ihren Leuten. Die Managerin lud mich in einen geschlossenen »Club« ein. Sie will mich da einführen, sie will für die Zeitung arbeiten, sie will uns Werbung vermitteln, sie will uns interessante news geben – call me tonight –, was auch immer sie damit meint, ich werde mich hüten. Jetzt gehe ich zum Fax, bis gleich

31. Januar 11:15 30/1/93

Helmarotschka, Lieber,
es ist zum Verzweifeln. Aber diese Telefone in meinem »Kwartir« sind keine Telefone, sondern Seelenschinder. Ich komme einfach nicht durch. Es ist zum Auswachsen, das kann einem den Tag ruinieren. Mir kommt's eine Ewigkeit vor, daß wir uns nicht gesprochen haben. Nun schreibe ich hier, ganz schnell, und mache mich auf den Weg zu TASS. Von dort geht es nach Belieben.
Helmarotschka, Deine reitende Nos ist das Größte, ich werde sie gospodin Sobtschak als neues Wappen vorschlagen, viel gemäßer in dieser Zeit als der olle Leuteschinder und Schnurrbartträger. Nos brächte mehr Freude in diese Stadt.
Gestern habe ich Russisch gelernt, so wie man einen Roman unbedingt weiterlesen will. Ich habe es über, immer nur ein paar Brocken zu verstehen. Ich kaufte mir ein Lehrbuch, das nicht schlecht ist. Zumindest endet es mit Gogol- und Puschkintexten, und wenn ich die dann einmal lesen kann …
Auf dem Weg zum Antiquariat kam ich auf den Fußwegen kaum voran. Die ganze Stadt ist nervös und sonnabends sowieso auf den Beinen, innerhalb von zwei Tagen scheint der Rubel wieder gepurzelt zu sein, ein Sprung von fast 100 Rubeln in kürzester Zeit. Weiter kann es einfach nicht mehr gehen, tröstet mich Chidekel. Der Schwarzmarkt liegt jetzt knapp unter 700 Rubel für einen Dollar.

Soviel ist gestern gar nicht geworden. Zu lange habe ich zu Hause gesessen. Aber keine Bange, die »kulturellen Verpflichtungen und Aufgaben« treiben mich hinaus. Ich suchte gestern zweieinhalb Stunden im Antiquariat herum. Das wichtigste waren nicht die Funde, sondern der Kontakt zu einer hochgeschnürten Dame Mitte fünfzig. Es ist ein kleines Antiquariat mit russischen Büchern, auch jüngeren Datums. Doch von all dem, was Dir vorschwebt, gab es nichts, als existierte diese Zeit nicht, ganz eigentümlich. Diese Dame, mit großer Adlernase und geübter Stimme, hatte mich anscheinend beobachtet und beorderte plötzlich ein paar Bücher zu mir. Zwei Ausgaben von 1911, Illustrationen mit Pastellen und Zeichnungen von einem gewissen Kulbin – kennst Du den? Aber selbst wenn nicht, es sind herrliche Dinge. Allerdings kostet es den stattlichen Preis von 50.000 Rubeln, was ich nicht bei mir hatte und mich deshalb für Montag ansagte. Eine Erstausgabe von Kropotkin über die Fragen der Revolution, von 1906, kostete etwas mehr als 200 Rubel. Eine traumhafte Inselausgabe habe ich Dir gekauft von 1925, Rilkes Geschichten vom Lieben Gott, noch mit Schuber und Schutzumschlag. Ich habe auch eine schöne Gesamtpuschkinausgabe gefunden von 1850. Auch da kribbelt es in den Fingern.
Ich gab der Dame ein paar Namen, u. a. Chlebnikow, und sie meinte, das würde nächste Woche werden. Vielleicht erreiche ich über sie etwas. Und ich will es jetzt auch über Anzeigen versuchen.
Helmarotschka, ich mache mir schon ein bißchen Sorgen, daß Ihr nicht anruft. Hoffentlich hast Du heute so einen Tag, wie die letzten beiden waren.
Dann war die Zeit auch schon um. Ich ging zur Wohnung von Michael Chidekel. Nicht nur für russische Verhältnisse eine traumhafte Wohnung. Nicht weit von der Isaak-Kathedrale entfernt, direkt hinter der Manege, steht ein langgestrecktes Gebäude, und das Haus danach ist es schon. Wohnräume, wie sie nur entstehen können, wenn Generationen ihre Bilder, Möbel und Bücher ablagern, kein Plätzchen mehr frei an der Wand, ein riesiger Ölschinken mit viel, viel Meer und ein paar Schiffen, Glasschränke, die von Büchern überquellen. Sein Großvater war mit Malewitsch befreundet, hat auch zwei Bilder von ihm und a lot of letters. Das verwaltet jetzt Chidekels Onkel, aber ich soll seine Wohnung auch noch sehen. Hier klingelt immer das Telefon, und ich denke jedesmal, jetzt seid Ihr es.
Von der Wohnung fuhren wir in die Wohnung seiner Freunde, der Kinderärztin und ihres Mannes. Das war noch die Einladung vom letzten Treffen. Ich nahm Weinflaschen, Whisky und some sweets mit. Ihre Wohnung ist in einem Neubaurajon im Südwesten der Stadt, das Meer nur fünf Kilometer entfernt.

31. Januar 7:02 (31. Januar)

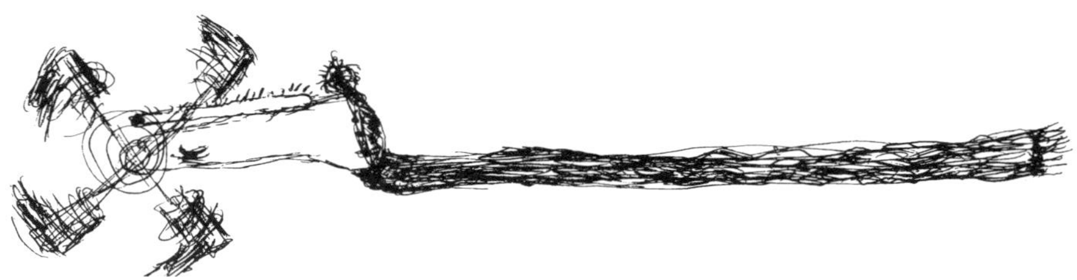

Wer nicht die Zahlenkombination kennt, kommt nicht durch die Eingangstür, ein Fahrstuhl ohne Licht, eine Wohnung mit zwei kleinen Zimmern und einer Küche, in der wir aßen. Tanjas Mutter bewohnt das eine Zimmer, und in dem anderen befindet sich der Ansatz zu einer Schrankwand und ein Schlafsofa – und das Lager für einen riesigen Dobermann.
Von halb sieben bis halb eins saßen wir dort, Erzählen und Essen und Trinken und Rauchen. Ich quackerte mein Russisch, und sie geduldeten sich, bis ich die Worte fand, und halfen mir aus. Kein Vergleich zu vor vierzehn Tagen, das war sehr schön. Sie fragten viel, es ähnelt in vielem unserer Situation, nur alles viel krasser –, dennoch will niemand aus ihrem Kreis je wieder die Zeit davor. Ein Trinkspruch war dann auch, daß es vor einigen Jahren noch so unvorstellbar war, mit einem Ausländer so ganz normalno an einem Tisch zu sitzen. Ich klopfte leise an, ob sie Lust hätten, für einige Jahre im Ausland zu arbeiten. Natürlich wollen sie, und dann meinten sie, daß das doch gar nicht ginge, wer wolle sie schon haben, man brauche doch keine Russen in Europa.
Für das nächste Wochenende habe ich sie eingeladen. Werde mir noch ausdenken, ob in die Oper oder ins Ballett oder oder, danach in ein Restaurant. »Wir sind zwölf Jahre in dieser Stadt und waren zweimal im Restaurant.« (Tanja)
Ich gehe jetzt los, hoffe, Dich jetzt gleich und froh hören zu können, mit Küßchen links und Küßchen rechts

1. Februar 8:47 31/1/93

Helmarotschka, Lieber,
nach dem unglücklichen Telefonmorgen wurde es dann noch ein schöner Tag. Mir fehlen hier immer ein paar Stunden. Es kann nicht sein, daß so wenig übrigbleibt.
Ich lief den Gribojedow-Kanal entlang zur Newa und kam so zur Eremitage. Zum ersten Mal hörte ich das Eis in den Kanälen, wie es knisterte und surrte. Wenn ein paar Streifen Wasser bleiben, dann ist es sehr schwarz – und dazu die zugeschneite Newa.
In der Eremitage spürte ich an den Sohlen die leichten Wellen des Steines, den viele Füße ausgetreten haben. Du hast mich so gut geschickt. Es gibt in diesem Haus nur weniges, das an dieses Bild heranreicht. Danach war es sehr schwer, sich anderen Bildern zu nähern. Erst glaubte ich, die Ankunft des Sohnes zu

sehen, den Moment der Begegnung, den Affekt. Aber das ist es nicht. Es ist danach, und das macht dieses Bild unheimlich, voller Zeit, die dahingeht, und keiner weiß, wie weiter.

Das Gesicht des Vaters, so gemalt, daß es keiner Linien mehr bedarf, die Fußsohlen des Sohnes und sein zerfleddertes Gewand – bis sich beide berühren, die Hände des Alten auf ihm, dessen Kopf an seinem Gewand. Sie stützen sich nicht aneinander ab, es ist keine Umarmung, kein An-sich-Drücken. Es macht den Eindruck, daß der Alte als einziger auf dem Boden steht, auf dem sein Sohn kniet. Seine Hände, als sei er blind und taste nur nach ihm, haben, wie das Unterkleid, die Farben seines Kindes, und zwischen seinen Händen klafft das Loch im Gewand des Sohnes, darunter sein Rücken. Sie ruhen nur scheinbar aneinander, beiden muß es im Rücken schmerzen. Ich weiß nicht, ob und woran der Sohn seine Hand hält, sein kahlgeschorener Kopf hat einen geschlossenen Mund, so auch die Augen, keine Erregung auf seinem Gesicht. Offen sind aber die Augen des Vaters, ein Blick neben die Füße des Sohnes, kein Lachen, kein Weinen, jenseits des Erhofften und noch vor den Worten, die irgendwann kommen müssen, und vielleicht ist es die Angst vor diesen Worten und dem Danach, die so viel Behutsamkeit und Ausharrendes ihrer Berührung geben.

Diese Hände stiften ein neues Gesetz. Was der Vater tut, hat seine Begründung nicht in den Worten, sondern nur in diesen beiden Händen, denen nichts anderes als die Farben helfen. Das Weiß des Bartes, das Weiß seiner Ärmel und das Rot des Umhangs umfangen den Kopf des Sohnes.

Die anderen müssen dabei sehr allein sein. Der ältere Bruder, der seine Arme vor dem Körper verschränkt, sein Gewand fast zuziehen will, als fröstle ihn, wohl nie bedacht mit solch einem Entgegenkommen, ist ratlos, traurig, wütend. Auch die Reglosigkeit der rechten Figur. Vielleicht auch ein Vater, – und wenn er an ihn geraten wäre?

Am ehesten, wenn überhaupt erkennbar, der Anschein von Freude bei dem Jungen in der Mitte, und die Verwunderung ob der Stille bei der Magd oder Schwester tief im Hintergrund.

Wenn bei einer Opernaufführung die Szenen so gebaut sein sollen, daß den Personen nichts anderes übrigbleibt als zu singen, dann wäre es für ein Bild der Moment der Ruhe, eben jener Augenblick, in dem jede Bewegung zur Geste geronnen ist, wo das Verharren eine Notwendigkeit ist, aber in sich das Davor und Danach beschlossen hält.

Ich wanderte dann den Newski hinab zur Puschkinskaja, fuhr ein Stück Metro. In den Unterführungen sammeln sich die Bettler, meist sind es alte Frauen, die

Aluminium-Wegwerfschälchen vor sich her halten. Vor einem Rollstuhl kniete ein abgelumperter Mann mit langen Haaren, sein Gesicht bedeckte das der Gestalt im Rollstuhl, die ganz tief in den Sitz gerutscht war. Wie ein langer Kuß sah es aus, und war es wohl auch.
Mit Mischa Chidekel, seiner Frau und der Tanja, die ich bei seinem Geburtstag kennengelernt hatte, gingen wir dann durch die Kälte auf Puschkin zu, in den finstren Hof ganz nach hinten. Fast alle Fenster waren schwarz, nur vier oder fünf in dieser großen Schlucht leuchteten. Es waren die beiden chudoshniks, von denen ich die illustrierten Kinderjournale mithatte. Sie zeigten mir ihre Bilder, wohl auch mit ein bißchen Hoffnung, daß ich etwas kaufen würde. Ein paar Grafiken, die farblich schön waren, aber mit Kunstgewerbefiguren darinnen. An der Wand hing ein großes weißes Blatt, auf dem mit Schwarz so ein Mittelding zwischen Penck und Smy vollführt war. Doch dieser chudoshnik ist schon in L.A. Schön sehen sie allerdings aus, die beiden anderen. Pasolini hätte mit ihnen seinen Christus besetzen können. Dann sahen wir in dieser Eishöhle Videos. Papier, das in der Mitte mit Klebestreifen zu einem größeren Stück zusammengeklebt war, blähte sich von dem Windzug, der durch die kaputte Scheibe kam. Ich sah einen Film von ihnen und die Aufzeichnungen von zwei performances. Letzteres gefiel mir gut. Auch noch ein Film über ein Fest in der an diesem Abend so toten Puschkinskaja 10. Über hundert Studios müssen es sein.
Ich war froh, gegen zehn wieder herauszukommen. Ich werde am nächsten Freitag wieder hingehen, mir zwischendurch eine Galerie anschauen, in der einige von ihnen ausstellen. Ich möchte einfach mal wieder JA sagen können.
Helmarotschka, Dir eine gute Nacht und einen ganz schönen Tag. Ich lege Dir meine Hand auf die Brust, halte sie fest

2. Februar 8:27 1/2/93

Guten Morgen, Helmarotschka, mein Lieber,
Ihr habt jetzt noch den alten Tag, hier ist schon der neue, und ich habe ihn mit einer kolossalen Verschönerung dieses Kwartirs begonnen, in dem ich ein Wäschewaschen-happening veranstaltet und nun nach altem Brauch die Türrahmen und -klinken mit Hemden und Hosen geschmückt habe. So gleicht alles einer einzigen großen Küche, und die Sessel samt delikatem Tischlein sind von

meinen übrigen Schludrigkeiten und Einkäufen verdeckt –, es wird langsam udobno *(bequem)*. Nos hat lange überlegt, ob sie mir ihr Käppchen und ihren Schal ebenfalls anvertrauen soll, doch wir haben uns geeinigt, daß wir dies lieber per Hand waschen, ganz sorgfältig und achtsam. Außerdem probiert sie meinen Schal aus, falls ihre Sachen über Nacht nicht trocken werden sollten. Sie sitzt jetzt etwas müde im Sessel gegenüber und schnüffelt an der frischen Wäsche. Das russische Waschmittel ist ein ganz neuer Duft, den sie noch nicht kannte. Sie trägt mir viele Küßchen für Dich auf und fragt auch immer nach, wann wir denn wieder auf Reisen gehen. Sie hat Dich mehr als gern, denn das Fliegen verträgt sie nicht so gut, zumindest nicht in einem geschlossenen Flugzeug. Es muß schon etwas heißen, wenn sie sich möglichst bald auf den Weg zu Dir machen will …, und ich nicke heftig.
An dem heutigen Buchkauf hatte auch sie ihren Spaß, nur mit dem Umblättern gibt es Schwierigkeiten. Ein Nasenrücken bedeutet mir, ich soll umblättern bis zum nächsten Bild, und dann guckt sie sehr lange, wobei ihre Spitze mal links, dann mal rechts neben dem Buch »zu liegen kommt«, wie es auf berlinerisch ausgedrückt werden könnte. Ich glaube, wir haben wirklich einen guten Fang gemacht. Jewrenow ist der Autor, »teatr dlja sebja« *(Theater für sich selbst)*, was wohl soviel heißen soll, daß man nicht für ein Publikum spielt, sondern für sich selbst, im Alltag. Lena war ganz begeistert, keiner ahnt den Preis. Den Puschkin mußte ich wegen Überfrachtung noch bei TASS lassen. Als ich ihn in der Hand hielt und das Papier der Seiten spürte, war es geschehen. Im Prinzip ein Unding, so etwas zu finden. Das könnte die Achmatowa aus dem Schrank ihres Großvaters genommen haben. Ich würde jetzt so gern sehen, wie Du es in Deinen Händen hältst und durchblätterst. Beklommen bin ich aber, denn um darin lesen zu können –, ich weiß nicht, ob ich es schaffen werde …
Am Mittwoch werde ich den kleinen Almanach kaufen, eine illustrationslose Sammlung von Gedichten von 1921. Mandelstam ist doch enthalten (Mendelstam geschrieben), Gumiljew und eine Kritik über einen Gedichtband der Achmatowa. Außerdem Posner, die anderen kenne ich nicht. Ich begriff zu spät, daß man dort handeln kann, obwohl mir die Dame mit der Adlernase das auch schon angedeutet hatte. Sie würden für den Almanach nehmen, was ich gebe, schöne Bescherung. Ein Mann Mitte fünfzig mit mehrfach gekanteter Brille blieb gut einen Meter vor dem Ladentisch stehen und sah unverwandt auf das Regal hinter »meiner« Verkäuferin. Schließlich sagte er, für 5.000 würde er das und das nehmen. Der Preis lag über 6.000. Sie willigte sofort ein und sagte das, als hätte hier gerade ein »Theater für sich selbst« stattgefunden – Volltreffer in einer

2. Februar 20:11 Das verflixte Telefon (2. Februar)

Schießbude. Danach wurde der Angewurzelte ganz lebhaft und trat an den Tisch heran, um seine Trophäe zu betasten.
Heute war es dort sehr leer. Der Kunde darf hinter den Ladentisch gehen, wenn er gleich am Eingang eine Kette abhängt, an der ein Schild bekanntgibt, daß nicht mehr als fünf Leute hier herein dürfen – eine wahrhaft kommunistische Denkweise der Selbstbescheidung. Am gefragtesten ist Agatha Christie. Viele kaufen hier, weil es einfach billig ist, wirklich Spottpreise. Sollte es einmal über 1000 gehen, dann ist das schon viel. Es ist zum Heulen, auch der Falk steht dort, gut erhalten für 2000 Rubel (ich tauschte heute 1:410 die »nemezki makk«, der Dollar ist doch »erst« auf 660–670) – soll ich handeln? Vielleicht als Geschenk. Aber wer liest hier schon deutsch? Allerdings, ich habe bei einer Geschichtsprofessorin, die ich aber nicht persönlich kenne, eine Serie über »Deutsche in Petersburg« bestellt. Ob es der Anzeiger drucken wird? Es ist eine Gegenleistung für Werbung.
In den Dämonen (sehr weit am Anfang, erstes Kapitel, neun, zwei Seiten vor dem Beginn des zweiten) fand ich heute eine Stelle (ich komme wegen der Deutschen drauf), die das Selbstwertgefühl der Hiesigen noch immer bestimmt, nur daß es heute nicht oder nur sehr nebenbei auf die Deutschen fixiert ist. Stepan Trofimowitsch: »Weil wir aber nie arbeiten werden, können auch nicht wir zu einer eigenen Meinung gelangen, sondern die, die bisher die Arbeit für uns gemacht haben, das heißt immer und immer wieder Europa, immer und immer wieder die Deutschen – unsere Lehrer seit nunmehr zweihundert Jahren. Außerdem ist Rußland ein zu großer Irrtum, als daß wir allein damit fertig werden könnten, ohne Deutsche und ohne Arbeit.«
Die beiden »Interviews« heute, sie müssen wirklich in Anführungszeichen stehen, verwundern mich schon nicht mehr. Die Journalisten treibt die Neugier, aber es ist die Neugier, wie sich die Zeitung finanziert. Am meisten sind sie an den Druckpreisen und unseren Gehältern interessiert, als seien sie Spione, was absurd ist, aber es ist so »kindlich«. Die eine Zeitung war eine Neugründung für den Donbas, Kiew ist ihnen zu klein. Der Rubel ist dort eine harte Währung und wird 1:2 oder 1:3 gehandelt. Dann machte er mir den Vorschlag (er war nicht zu bewegen, seinen Mantel auszuziehen), daß wir doch kostenlos Reklame austauschen könnten. Entschuldige, es klingt so arrogant, aber als ich ihm vorschlug, wir könnten sie doch auch »verkaufen«, wir für ihn, er für uns – da fand er das eine wunderbare Idee und fragte, ob er seine Redaktion gleich anrufen könne. Da spürst Du, wie weit westlich Petersburg liegt. Der Litauer war ein kaputter Typ mit Zahnrudimenten. Lena, die meist zur Sicherheit dolmetscht, sie macht

aus meinen Brocken wirkliche Sätze, beschnitt seine langen Erklärungen immer wieder und fragte ständig, was er denn fragen wolle. Aber eigentlich hatte er keine Fragen, zumindest erkannte ich sie nicht als solche. Wir schieden sehr freundlich voneinander.
Nach dem Anruf ging ich nach Hause, verließ mich auf den »Spätverkauf« vor der Metrostation, denn ich hatte bei Lenchlebtort kein Brot mehr bekommen. Nachdem ich in der Reihe eine ältere Frau gefunden hatte, die Brot in ihrer Hand hielt (das hält man dann kurz über den Gasherd, um es clean zu machen, hier grassiert sogar die Diphtherie, und Tanja, die Ärztin, nervt mich geradezu, ich solle mich impfen lassen), stellte ich mein Buchhackelpackel ab und kramte nach dem Geld. Als ich wieder aufsah, war die dichte Reihe verschwunden. Neben mir fragte eine Frau nach spitschki, als stünden wir deshalb zusammen. Ich wiederholte, spitschki, u was jest? *(Haben Sie Streichhölzer?)* Und da stand auch schon die Uniform vor uns. Einer Frau hielt er die Einkaufstasche fest. Doch sie entriß sie ihm wieder und ging davon. Hinter einem Kiosk traf ich die Brotverkäuferin wieder. Ich wollte mir nichts herausgeben lassen, weil es doch möglichst schnell gehen sollte. Für zehn Rubel (vierzig Rubel kostete es) bedachte sie mich mit Segenswünschen. Als ich weiterging, hatte sich die Verkaufsreihe wieder geschlossen. Keine Minute hatte es gedauert, als hätte dieser Blödmann mit seinem Knüppel (vielleicht von jenen beobachtet, die im Jeep sitzengeblieben waren) versucht, Wasser zu teilen. Wenn die Frauen nur nicht immer in dieser Habacht-Stellung ihre paar Dinge verkaufen müßten (sie stehen auf Pappen, damit es nicht so kalt ist). Ihre »Handelsspanne« kann nicht viel mehr als zehn oder zwanzig Rubel betragen.
Helmarotschka, Nos und ich verziehen uns unter eine Decke, das klappt ganz gut. Sie schläft sehr ruhig und rumpelt mich nur an, wenn ich gerade dabei bin, quer im Bett zu liegen. Das ist so schön breit. Morgens reibt sie ihre Äuglein unter dem Kopfkissen wach. Noch ein Küßchen von ihr und mir, die sollen alle Schmerzen tilgen.

3. Februar 8:37 2/2/93

Helmarotschka, Lieber,
vielleicht sind die neuen Nos jetzt schon in Petersburg gelandet und warten auf den Morgen. Ich habe mit ihr gemeinsam den Schal gewaschen und auch ihr

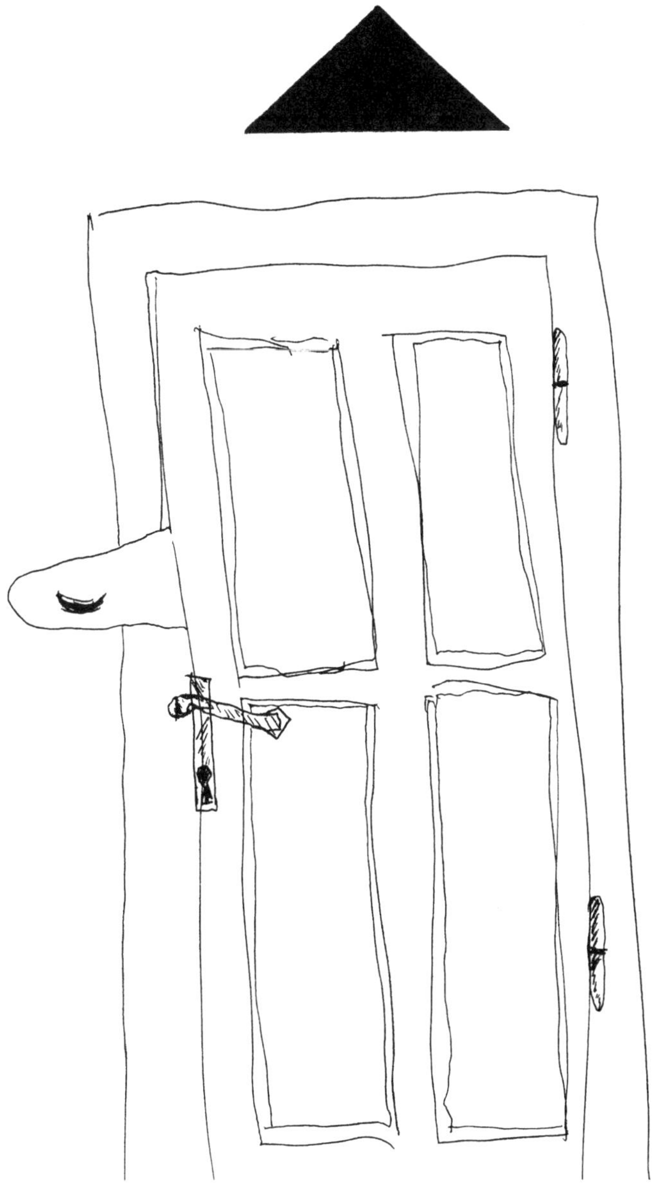

2. Februar 20:11 Einen herrlichen Katalog bekommen;
Nos liebt Blinky Palermo schon. (2. Februar)

Käppchen. Sie liegt jetzt im Bett und macht sich Gedanken, daß auch alles bis morgen früh trocken wird. Wieder und wieder mußte ich es spülen, da ihr das russische Waschpulver nicht sonderlich behagt. Es duftet nicht wie mein Schal. Ich bringe ihr den Tee zum Bett und lese ihr ein paar Seiten aus den Dämonen vor. Aber die Illustrationen von Kulbin interessieren sie eigentlich mehr, es ist schon ein richtiges Nos-Buch geworden.
Bis auf den Hin- und Rückweg habe ich mich heute nicht aus dem Haus getraut, auch nur beim Mittagessen Geld ausgegeben, und bin von Computer zu Computer gesprungen. Zwischendurch Gespräche, Akrobatik zur Werbungbeschaffung –, morgen wird es nicht anders werden. So leicht komme ich also doch nicht davon. Und die zwei, drei Stunden, die ich für mich rette, sind dann etwas müde. Dennoch ist es schön, durch diese Straßen zu dschungeln. In viele Wohnungen kann man hineinschauen, nicht ganz so einfach wie in Venedig, aber doch immerhin. Vor mir lief heute nahe dem TASSgebäude die schwarze Uniform eines Suworowschülers. Er hatte einen Ring im Ohr. Dann tauchte er in eine Gruppe, aus der ebensoeiner kam, einen dichten, schwarzen Pferdeschwanz zwischen Mütze und Kragen vorzeigend. Es waren junge Italiener, die sich hier eingekleidet und aus irgendwelchen Gründen in die Sadowaja verirrt hatten. Abseits der Eremitage und des Newski siehst Du hier fast nie Ausländer, auch keine Schwarzen oder fernöstliche Gesichter. Die Dollarverkäufer sind weniger geworden. Es geht wieder mehr um Wautscher. Auch der alte Mann in Schwarz stand heute da.
Und wie ist die andere Dostojewskij-Übersetzung? Sicher hat er diesen Satz mit Absicht aus der Distanz eines Trofimowitsch sagen lassen, und er selbst sieht in Rußland das ganz andere zu diesem verkommenen Europa (er schreibt die Dämonen zum Großteil in Dresden). Aber Trofimowitsch kauert mindestens ebenso in den Russen wie der Fjodor, wahrscheinlich doch noch ein bißchen häufiger. Was ich gestern über die beiden Journalisten schrieb – es ist schade, wenn sie unbedingt »businis män« spielen wollen. Das erinnert mich immer an eine tschechische Theateraufführung, in der eine »Amerikanerin« erscheinen mußte: Die Schauspielerin hatte sich auf der Bühne fast totzurauchen und lange Gesten mit dem Glimmstengel zu vollführen. Genauso ist die Werbung im Fernsehen. Da fahren Russen im BMW zwischen Arbeitsstelle und Tennisplatz hin und her und demonstrieren damit überzeugend, wie notwendig ein Autotelephon ist. Wir haben ähnliche Werbung in der Zeitung.
Das ist ja nur eine Assoziation zu dem Zitat. Ich esse jeden Mittag brav meine Kascha-Portion *(Grütze)*, dazu kapusta *(Kohl)* und einen angewärmten Klops, der bei Berührung zerfällt. Und wenn es dann zum Fleisch variiert, bin ich noch

bedenklicher gestimmt. Ich gewöhne mir den Geschmack ab und halte es einfach für notwendig, das in mich zu stopfen. Manchmal ist die Suppe nicht schlecht. Und gleichzeitig laufen verschiedene Rituale ab. So das Abpassen des Blickes zwischen der Aufwaschfrau und mir, die hinter einer Durchreiche ihr hellrotes Gesicht (nicht nur das Haar ist so) ab und an zeigt. Wir grüßen uns deutlich, bedanken uns beim Abstellen der Teller gegenseitig und wünschen uns dann beim Abschied alles Gute. Die Pförtnerin jammert herum: »Oi, oi Inga, kak dolgo ty rabotajesch, nje choroscho, nje choroscho« *(oh Ingo, wie lange du arbeitest, das ist nicht gut, nicht gut)*, und schließt Dir die Tür auf, als öffne sie eine Paradiespforte.
Es mutet Dich hier immer an, als hafte jeder Sache das »Wir möchten es auch mal tun« an. Was es auch ist, es ist immer schon irgendwo anders gewesen. So die Alltagserfahrung. Und ich suche noch nach dem, was das andere ist, das Eigene –, sehe ich den Wald vor Bäumen nicht oder gibt es das heute gar nicht mehr? Und trotzdem (ich weiß, das ist sehr widersprüchlich) ist schon etwas anderes spürbar, das nicht nur mit unserer Erwartung an dieses Land zu tun hat. Ein Gespräch heute war auch ganz anders: Wir suchen jemanden, der die Zeitung in den Moskauer Zügen verteilt, mit den Schaffnern verhandelt, sie so »präpariert«, daß sie Priwet auch austeilen, wenn der Zug in Moskau losfährt. Chidekel brachte jemanden mit, an dessen Anblick ich mich erst gewöhnen mußte. Er wirkte steinalt, obwohl er wohl erst Anfang fünfzig ist. Die Augenlider ließen ihm nur einen winzigen Spalt zum Sehen frei, so daß er den Kopf immer ein wenig heben mußte, wenn er mich ansah. Seine Stimme war zwar verraucht, aber bei allem war ihm eine große Sicherheit und Leichtigkeit eigen. Er wußte genau, wieviel Abteile sich in jedem Wagen befinden, wieviel 1. Klasse usw. Er sprach ein bißchen Deutsch, das Englisch hätte zur Verständigung gereicht. Es scheiterte dann an dem Preis, den er verlangte, der nicht unangemessen war, wenn man bedenkt (das sagt wohl auch schon Trofimowitsch), daß es kaum etwas Korrupteres gibt als die russischen Schaffner. Obwohl es wöchentlich nur 30.000 Rubel gewesen wären (ein Viertel unserer letzten Einnahmen immerhin), konnte ich momentan nicht zustimmen. Es war seinerseits eine ganz ruhige, traurige Ablehnung. Er lächelte, als ich ihm in seine alte Kutte helfen wollte, nahm sie mir aus der Hand, und wir verabschiedeten uns, als wäre alles nun geklärt, war es ja auch. Hoffentlich kann ich ihn bald wieder holen.
Ich habe mir nun für die Werbung ein paar Sachen ausgedacht und ärgere mich, das nicht schon viel eher getan zu haben. Ich bin aber in Gedanken nur zum Teil bei dieser Zeitung. Zumindest konnte ich den agents wieder etwas Mut einjagen.

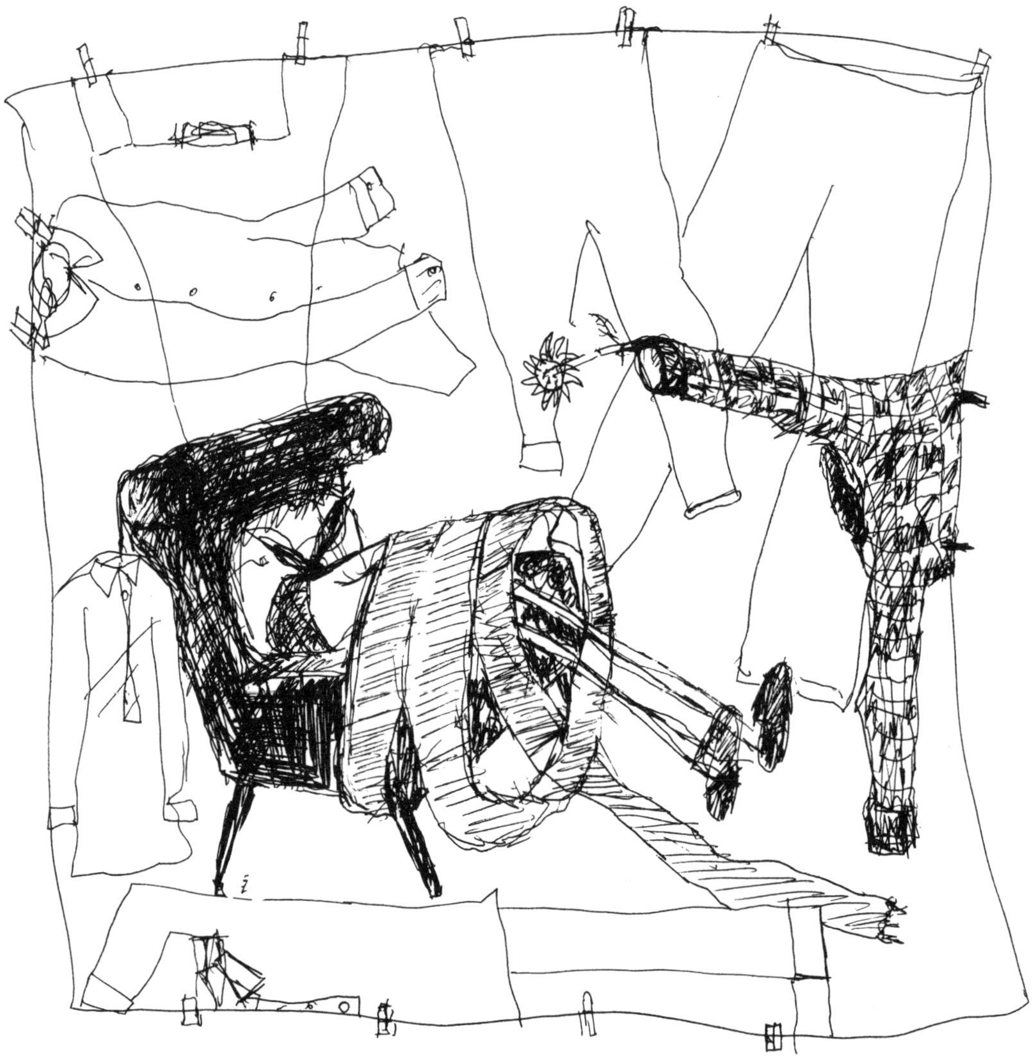

3. Februar 6:25 Waschtag im Petersburger Quartier (2. Februar)

Sie leiden darunter, daß es hier normal ist, wenn »Vertreter« ihre Provision auf den Preis schlagen und die Kunden lieber direkt zu uns kommen.
Wiktor besuchte mich gestern. Lena, die Sanfte, war alles andere als sanft und verschickte eine Spitze nach der anderen gegen die Mitkis. Er nahm es aber gelassen.
Am Donnerstag abend gehen wir zu Florenskij, von dem ich morgen eine Arbeit für die Zeitung bekomme. Nicht nur das kulturelle Buchleben beachten, ja?
Ich werde jetzt noch das Zeitunglesen üben oder vielleicht nur mit Montale unter die Decke kriechen und Nos einen Kuß auf ihren Rücken geben.
Für Dich einen links und rechts, morgen früh gehe ich los, als hätte ich einen langen Weg zum Briefkasten

4 . Februar 8:34 3/2/93

Guten Morgen, Helmarotschka,
ich schreibe Dir aus der Redaktion, weil es gestern so spät geworden ist. Ein schönes Gefühl, Dich gleich anrufen zu können. Laßt mir nur ein wenig Platz an Eurem Frühstückstisch, ich wasche dann auch ab. Mir kommt es schon wieder wie eine Ewigkeit vor, die ich hier bin. Dabei ist es erst gut eine Woche.
Der schlimmste Wochentag, der Mittwoch, ist vorbei. Aber es ging alles ruhig ab. Beim Mittagessen saß ich mit der Chefsekretärin zusammen, viele graue Haare, die sie zu einem mächtigen Gebilde auf ihren Hinterkopf türmt. Ihr Lippenstift war vom Tag schon etwas abgegessen. Sie gabelte diese kleinen Fischlein mit viel, viel Zwiebeln in sich hinein. Die solle ich doch auch einmal probieren. Die Standardfrage ist, woher ich komme, und dann kann fast jeder davon berichten, daß er auch einmal in Dresden gewesen ist. In ihrer Reiseroute war auch Eisenhüttenstadt – 1972. Soweit ich das alles verstand, solle ich mir eine russische krassawitza *(Schönheit)* suchen und sie mit nach Deutschland nehmen, denn hier wäre das Leben sehr hart. Sie ist als TASS-Sekretärin dreißig Jahre im Dienst, so der Typ einer engagierten towarischtscha. Ihre Hände berühren sich fast, wenn sie mit Messer und Gabel ißt.
Nach der Kantinenpause fand ich sechs ausnehmend attraktive Damen in unserem Zimmer, auffallend geschminkt. Ihre pelzigen Mäntel füllten das Zimmer. Sie brachten Fotos von sich. Nelli hat einen Artikel über eine Mannequinschule auf dem Newskij geschrieben und noch mehr Fotos per Telefon bestellt. Nun standen sie da auf ihren langen Beinen und hofften, daß gerade ihr Bild genom-

men wird. Nelli sammelte alle Fotos ein und sagte, sie würde später auswählen. Die krassawitzas aber blieben stehen, als würden sie noch diese Entscheidung abwarten wollen, zumindest schien keine bereit zu gehen, solange eine andere noch bliebe. Es entstand eine spürbar peinliche Situation, als sie die vielen »spassibo« von Nelli nicht als das nahmen, was sie sein sollten. Als Nelli dann etwas deutlicher wurde, faßte eine von ihnen Mut und verabschiedete sich mit Handschlag von allen Anwesenden. Das machte Schule, und sie verschwanden, ohne auch nur einen winzigen Parfümduft im Zimmer zu hinterlassen. Sie sind zwischen sechzehn und einundzwanzig und haben für die Schule ein Geld zu zahlen, das kaum offiziell verdient werden kann.

Gestern mußte ich häufiger ans Telefon gehen und parierte fast jeden Anruf. Sobald sie aber ins längere Erzählen kamen, kniff ich aus. Immer wieder die Dankeschöns und Fragen, warum die Zeitung kostenlos sei. Das ist angenehmer Telefondienst. Wenn es stimmt, dann muß es wirklich lange Schlangen geben vor den Verteilern und Leute, die schon darauf warten, daß die Zeitung endlich angeliefert wird.

Nach dem Telefonat mir Dir machte ich mich auf den Weg in den Laden unter uns, kaufte Wurst (die eine, das Kilo 750 Rubel – eine Art Diät-Wurst oder mehr Wurstersatz, dann für 2100 Rubel das Kilo eine Wurst, die eher mit Wurst zu tun hat, aber sehr fettig war, und noch ein paar Konserven). Ein paar Meter weiter vor der Metro Gurken und Brot. Die Männer machen hier mit großer Selbstverständlichkeit nichts, und die Mädchen übernehmen mit großer Selbstverständlichkeit alle diese Dinge. Irgendwie muß ich Glück gehabt haben mit meinen Einkäufen, denn sie fragten, wo es das gäbe. Vom Essen her bin ich wirklich Russe. Allgemeines, in sich versunkenes Geschnurre: Zwischen den ausgestreckten Fingern türmen sie auf die Brotscheibe die Wurst und die Gurke, eine kindliche Bewegung.

Helmarotschka, hier beginnt das Getriebe, ich breche einfach ab, rufe Dich jetzt an und drucke das noch vorher aus, bis gleich, mit vielen Küßchen

5. Februar 9:05 4/2/93

Helmarotschka, mein Lieber, Lieber,

mein Kopf ist glücklicherweise nicht schwer, und da ich heute mehr Zeit als die letzten beiden Tage habe, werde ich mich immer für ein Stündchen an Dein Bett

setzen, Dir meine rechte Hand auflegen und Dir ab und an einen kalten oder warmen Waschlappen bringen. Dann schauen wir in ein Buch, und wenn Du schläfst, streichle ich Dir die Hand.
Gestern waren alle ein wenig müde von der Mittwoch-Nacht. Aber die nächste Ausgabe wird bestimmt schön.
Nun habe ich einen Plan entworfen (»Ich habe einen Plan«), und wenn der halbwegs aufgeht, dann dürfte es keine solchen bösen Arbeitszeiten mehr geben, aber wer weiß. Die größte allgemeine Erheiterung erreichte ich durch die Mitteilung – sie besprachen, wie sich die ersten Ausgaben entwickelt hatten –, daß ich dazu wenig sagen könne, denn ich würde immer noch an der ersten lesen. Ich solle nur weiterlesen, es würde besser und besser werden.
Da ich nicht mit den anderen Korrektur lesen konnte, brachte ich die fertigen Seiten ins Druckhaus, kam auch allein gut an den verschiedenen Wachmannschaften vorüber ins Zimmer von Walerij, der für uns retuschiert und die Fotos einmontiert. Er stopfte mir eine Flasche Wodka, die sehen aus wie Bierflaschen, in die Innentasche des Mantels und meinte nur: »poschli« *(Komm!)*. Heute sei so schlechtes Wetter, daß sowieso niemand Lust hätte, etwas zu tun. Die Fontanka schmilzt wieder zu Wasser, und ihr auftauendes Eis ähnelt einem überspülten Strand. Wir landeten am Ende eines Ganges in einer Art Besenkammer, die sich aber als Vorraum für zwei Dunkelkammern herausstellte, in der drei Fotoreporter warteten. Auf dem Tisch standen Wassergläser, die ohne Ausnahme mit einem schwarzen Gummi umspannt waren, der die Grenze von 100 Gramm markierte. Nun wurde der choroschij tschelowek *(gute Mensch)* vorgestellt, und die Vorbereitungen begannen, um die Flasche zu leeren. Aus einem Einwickelpapier erschienen Weißbrote, die mit einer Art Speck belegt waren – sie nannten es Offiziersessen –, es wird nur deshalb gegessen, um dann auch trinken und rauchen zu können. Ich plapperte mit, so gut es ging, und stürzte das erste Glas hinter. Der Wodka ist sehr sanft beim Trinken. Sie plazierten mich auf den einzigen Sessel, der allerdings so niedrig war, daß ich nur wenig über den Holztisch vor mir sehen konnte. Ein vielleicht sechzigjähriger Karikaturist saß als einziger still da, das Hemd bis oben zugeknöpft, und zog nur manchmal die Hände aus seinen Jackettaschen, um sich die langen Haare aus der Stirn zu streichen. Walerij begann schon, sich halb und halb zu entschuldigen, unter welche Leute er mich gebracht hätte. Es kamen noch zwei andere ins Zimmer, und sie alle waren die unbestrittenen championi ihres Faches, wenn nicht gerade in ganz Rußland, so doch zumindest in Petersburg. Davon erzählten sie und mein Woher, und was ich gemacht hätte, und die Gläser füllten sich wieder, leicht über die kritische

Schwarzgummigrenze. Zu meinem Entsetzen erschien eine zweite Flasche Wodka auf dem Tisch. Das beschnauzte Gesicht eines Fotografen erzählte, immer näher vor dem meinen, daß er Potjomkin heiße. Er begann unter Anteilnahme aller von den, von »seinen« Potjomkinschen Dörfern zu erzählen. Ich hatte noch die geringste Hacke hier, denn es waren nicht die ersten Gläser für sie heute. Zwischendurch marschierten die Speckbrote in unsere Mäuler, und ich kam fast zu spät, als sie schon alle wieder das Glas in der Hand hatten, den rechten Ellenbogen auf Schulterhöhe, bereit zur Verkündung des Trinkspruches. Und dann die zweite Ladung. Über der Tür raste die Uhr, und ich war überfällig. Nun sollte noch Kaffee kommen, aber mir lag daran, noch vor der eigentlichen Wirkung die Straße zu erreichen. Erst als ich mehr zufällig sagte (denn sie wollten in der Redaktion anrufen, daß es bei mir später werden würde), daß Mitki auf mich warten, ließen sie mich gehen (ah, Mitki!). Schließlich gab mir Potjomkin einen feisten Schmatz, und ein anderer zerquetschte mir die Hand in seiner Fotografenpranke. Mir war warm und leicht, und so wehte ich mit meiner Fahne durch die Gänge und hinaus.
Mit Wiktor fuhr ich zum Atelier der Florenskijs, er hat die Zeichnungen in dem kleinen schwarzen Buch gemacht. Zweites Hinterhaus ganz oben saßen beide und hatten sich auf den Besuch vorbereitet. Sie sprechen im Gegensatz zu Wiktor gut Englisch, was manches erleichterte. Sie, Olga, scheint immer nur als zweite zu sprechen. Lange sah sie sich den Moritz-Comic an, ein Kindergesicht, mit ganz weißer Haut, einem leuchtenden Mund und schwarzem, glattem Haar. Wenn sie mit ihrer Alt-Stimme spricht, dann belebt sich dieses Gesicht ganz auffallend. Ihn betrachtete ich fasziniert: Wie jemand mit einem so großen Gesicht eine so kleine Stirn haben kann. Sein Bauch steht meinem beträchtlich vor. Wir erzählten erst eine halbe Stunde und begannen dann, die Arbeiten durchzusehen. Was im Büchlein ist, ist wohl auch das beste. Seine Ölmalereien sind sehr unterschiedlich. Er hat zum Teil orientalische Bilder aus Büchern zur Vorlage und Anregung benutzt, dann wieder vor der Landschaft und dem Modell gemalt, letzteres ganz fürchterlich. Die Landschaften und die orientalischen Motive sollte man sich noch einmal anschauen. Er will nicht, daß man seinen Arbeiten sofort einen »Stil« ansieht. Das ist hier sehr verbreitet. Ich weiß nur nicht, ob das nicht mehr Unvermögen als Konzept ist.
Olgas Arbeiten sah ich dann vor allem auf Fotos, große Textilflächen, wenn Figuren auftauchen, dann ähneln sie, auch die Farben, denen von Matisse auffällig. Man müßte sie alle im Original und in großen Räumen sehen. Das Russische Museum hat ein paar ihrer Arbeiten gekauft. Von biblischen Motiven über Jazzspieler bis hin zu Straßenlandschaften und auch Abstraktes.

Die Nase lebt vom Duft allein,
schwer fällt ihr auch das Nippen,
den Inhalt: Wodka, Konjak usw.
kann der Ingo mit Vergnügen kippen.

Vorsicht, Stufe! (5. Februar)

Ich lud sie dann noch zum Essen ein, und wir fuhren zwei Haltestellen mit der Straßenbahn in ein Restaurant, das fünf oder sechs runde Tische besaß, rotschimmernde Lampen an den Wänden, alte Tischdecken, außer uns nur zwei Tische mit Paaren besetzt. Bestellt wurde an der Bar, wo die Speisekarte ausliegt, von da nimmt man auch die Getränke und Gläser mit. Olgas Augen leuchteten bei der Bierbüchse. Alexander nahm eine Flasche bulgarischen Cognac, der trank sich ganz gut, und so tafelten wir dann. Ich glaube, ihnen damit wirklich eine Freude gemacht zu haben, denn sie stürzten sich auf das Essen, drückten sofort die Zigaretten aus, als der Salat erschien – frisch und mit viel Smetana. Überhaupt das erste russische Restaurant für mich, das Normalität besitzt. Das Ereignis war aber, daß niemand Streichhölzer hatte und auch kein Feuerzeug. So entstand ohne Absprache eine Situation, daß immer einer der Tische eine brennende Zigarette halten mußte, an der die anderen ihre wieder anzünden konnten. Als das eine Paar ging, war dies nicht mehr durchzuhalten, und Alexander ging auf die Straße Feuer fangen. Außer bei Euch, sollte man nur noch in Rußland sein Essen verzehren, denn da genießt man derart gemeinschaftlich.
Über die zweite Flasche war ich dann etwas verdutzt. Alexander trank nur Cola dazu. Ich hingegen spülte mit Bier. Aber es geht mir gut, und ich weiß jetzt, wie weit ich gehen darf. Auf dem Weg zur Sadowaja fand ich noch eine Pinkelecke, und wie ich da so stand, war zu lesen: I eat shit, but I have a life.
Helmarotschka, ich eile jetzt zur Redaktion, will nicht leichtsinnig sein, gleich sprechen wir uns, ich bin bei Dir, sei umarmt

»Vielleicht kannst Du, wenn es dann soweit ist, ein paar Sätze sagen, zehn Sätze über diese Wochen«, und das war dazu alles an Worten von Dir: »… so, und jetzt was anderes«, das Thema hatte sich damit erschöpft.
Wenn jetzt mit Dir gesprochen wird, kannst Du nicht mehr ergänzen, korrigieren, zustimmen, kannst nicht mehr abwinken, was nicht immer Verneinung bedeutete, kannst nicht mehr lächeln und etwas hinzufügen, kannst nicht mehr etwas anderes einfach danebenstellen und beides gelten lassen. Aber Du weißt ja, daß Du Dir dennoch nicht alles gefallen lassen mußt, was zu Dir gesagt wird, denn jeder, der bei Dir war oder Dich besuchte und nicht so laut und nicht so schnell sprach, könnte hier stehen und seine zehn Sätze sagen, um so einander zu ergänzen und zu widersprechen, um Dir näher zu kommen. In dieser Art und Weise wird das Sprechen dann auch wieder möglich, und die Unsicherheit ist vielleicht nicht so schlimm. Vor allem aber gibt es ja Deine Sätze, die helfen können.
»Das ist ja wunderbar«, könnte der erste Satz von Dir sein. Im Bett liegend, den Kopf für einen Augenblick vom Kissen gehoben, den Arm ausgestreckt, siehst Du auf die Illustrationen von Kulbin, als wolle Deine Hand sie ertasten: »Das ist ja wunderbar«, so nahmst Du einen Granatapfel in die Hand, den Katalog von Giacometti, Du sagtest es zu einem Gedicht von Montale und zur Puddingsuppe und dem gedeckten Tisch, so drücktest Du eine Hand auf Deine Brust und sahst so das Sonnenlicht, das die Blütenblätter durchfuhr.
Sollte ein Wort benannt werden, das für diese Zeit steht, für die vergangenen Wochen, dann laß dieses gelten: wunderbar. Es ist nur eines unter vielen, aber es ragt, und sei es nur um Haaresbreite, über die anderen hinaus. Von diesem Wort aus ließen sich alle anderen Sätze erklären. Dieses »wunderbar« sagt auch, daß in den vergangenen Wochen sich viel von Deinem Leben verdichtet und entfaltet hat und neu entstand, daß die Zeit Risse erhielt und sich ein paar von jenen Tropfen bildeten, die alles gleichzeitig in sich tragen können, ein Wassertropfen Ewigkeit. Du hast es gespürt; und wenn Begriffe wie Auferstehung und Gott und ewiges Leben nicht für Dich taugten, dann bleibt auch gar nichts anderes übrig, als die Tage zum Schweben zu bringen, um vielleicht so etwas Trost zu erhalten.
»Wünscht mir, daß ich noch ein bißchen Zeit habe«, sagtest Du fast täglich; es gab so vieles, was Du wolltest und auch noch wolltest. Es gibt keinen Trost, daß Du Florenz nicht mehr gesehen hast und Basel, nicht mehr Colmar wiedergese-

hen, nicht mehr die Drachenausstellung, nicht den Cézanne, den Palermo, den Picasso, den Bonnard, daß Du nicht mehr mit Deiner Mutter sprechen kannst, daß Du nicht mehr rauchen, nicht mehr zeichnen und malen kannst, nicht mehr die neugepflanzte »Gute Luise« im Garten siehst und überhaupt den Frühling und den Sommer erlebst und die anderen Jahreszeiten, daß Du nicht mehr Montale weiterliest und Brodskij; daß Du nicht mehr Granatäpfel essen, nicht mehr den Kaffee riechen und trinken kannst, nicht mehr die Berührungen derer spürst, die Dich lieben, kein ordentliches Fußballspiel mehr siehst, nicht mehr Autofahren, nicht mehr die Walter-Jacob-Ausstellung vorbereiten, Texte schreiben, den Komposter füllen, und das Gesicht verdecken, weil Du so sehr lachen mußt.
Es gibt keinen Trost dafür.
Der dritte Satz: »Ich will auch mit noblesse sterben.« Du hattest es bei Theodor Lessing gefunden und eine Zeichnung von Dir als Lesezeichen belassen.
Noblesse – es paßt kein Wort besser zu Dir. Sie war immer anwesend, diese »Kultur der kristallisierten guten Formen«. Zuallererst in Deinem Gesicht: Du bist immer schön gewesen, und kein Krampf, kein Stöhnen, kein Schlaf, keine Tabletten, keine Bewußtlosigkeit, kein Tod konnten daran etwas ändern. Die Behutsamkeit Deiner Hände; so, wie Du andere berührt hast, wie Du Zeichnungen und Bücher in der Hand hieltest, so berührtest Du jetzt auch die Speisen. Du wähltest aus, bestelltest präzis, mit klarer Vorstellung, wie es sein müßte, daß einen manchmal die Angst packte, ob es denn auch das Richtige sei. Aber diese Angst gehört ja dazu, wenn etwas gut werden soll. Und wenn Du es nicht selbst essen konntest, dann war es Deine Freude, zuzuschauen, wie es andere taten.
Noblesse – das sind Deine Ansprüche und auch Dein Geltenlassen. Du hast Salieri als das Schlimmste empfunden, nicht weil seine Musik schlecht gewesen wäre, sondern weil er sich an der Kunst verging, weil er seinen Namen wichtiger nahm als sie, und Du konntest einfach nicht verstehen, wieso jemand neidisch, mißgünstig gegenüber Kunst sein konnte, auch wenn es welche war, die man am liebsten selbst geschaffen hätte.
Noblesse – Du hast nie geklagt, verzeih, wenn ich es erst jetzt bemerke, aber es war so selbstverständlich von Dir. Du hast Dich nie beklagt, es waren immer nur Feststellungen im nachhinein: wie eine Krankenhausnacht ist mit drei Schläfern neben Dir, die Übelkeit und das Fieber der Therapien in Heidelberg, die Blasenspiegelung, die Operationen, die Narkosen; Dein Sprung aus dem Krankenhausbett in Gera; obwohl wir auf dem Gang noch merkten, was wir vergessen hatten, gingst Du nicht zurück. Nur raus. Das war alles. Wenn Du Hilfe brauchtest, dann war in einer Vertrautheit, wie sie sich nur gegenseitig geschenkt werden

kann, alles möglich. Noblesse war Deine späte Auflehnung gegen Gevatter Hein. Du hattest keine Angst vor ihm und fandest das selbst »eigenartig«, aber Du wolltest ihn nicht einlassen. Du hast ihn auf Distanz gehalten, indem Du Dich um andere sorgtest, das Telefon wurde Deine Kommandobrücke. Deine Worte kamen leicht, als müßtest Du nicht mehr nachdenken, Sätze, die man mit sich herumträgt wie einen Hühnergott, den Glücksbringer.
Mit Deinen Kindern lebtest Du zusammen, als hättet Ihr einander nicht nötig; doch Ihr entpupptet Euch als Geheimbündler, die verabredungsgemäß mit wenigen Zeichen auskommen, mal hier eine Kanne Tee oder ein bißchen Musik, mal da eine Zeichnung oder ein Lächeln. Sie vertrieben noch einmal die Kälte aus Deinen Händen, – der letzte Kuß kam von ihnen. Helmar, es war alles Noblesse; und darauf hast Du die, die um Dich waren, verpflichtet.
Den folgenden Satz hast Du, entgegen dem Strom des Gespräches, mit einem aufstoßenden Lachen gesagt, auf der Bettkante sitzend: »Ich bin trotzdem richtig froh, daß ich das erlebt habe, stellt Euch vor, ich wär vorher . . .«, und Du schütteltest den Kopf –, gemeint war der Herbst 89 und das Danach; es war Dein Sprung auf die Bühne des Theaters im Oktober 89, nach der Matinee. Du verschenktest zwei, drei Blumen und verkündetest, jetzt solle doch endlich einmal nicht nur in der Kunst gesprochen werden, es sei doch an der Zeit; was sich so verwegen mutig ausnahm, war nur die Konsequenz aus Deiner langen Verweigerung. Deshalb warst du auch so seltsam gut vorbereitet. »Ich bin mit jedem Haus hier mitgestorben«, hast Du gesagt. »Wann, wenn nicht jetzt?« – Ich danke Dir, daß Du dabei warst, denn mit Dir zusammen wurde es lebbar. Plötzlich schien es real, daß sich die vielen kleinen Kreise zu einer Öffentlichkeit hin erweiterten, daß ein neuer Raum entsteht, in dem die notwendigen Dinge besprochen und getan werden können.
Bei Dir kam beides zusammen: Du hast Artikel geschrieben, die keine Kampfschriften waren, sondern einfach die »andere« Sprache sprachen, und trotzdem hast Du angerufen und agitiert, wir sollten jetzt das Sicherheitsgebäude besetzen, und Du chauffiertest, und wir fuhren mit Deinem Auto vor, das der Aufkleber: Vorsicht Kunst! schmückte, und ließen uns fragen, ob wir uns denn nicht schämten und warum wir so aggressiv seien. Dabei waren wir sprachlos, auch über die Armseligkeit. Mehr als die Telefonkabel interessierte Dich das silberne Panzerspielzeugauto auf dem Tisch des Chefs –, das war das Schlimmste, so wie die Kleidung, die Sprache, die Gesichter und Bilder schlimmer waren als alle Apparaturen, Panzertüren und Fahrzeuge. Nun sollte einfach mehr möglich werden als zuvor; deshalb stülptest Du Dir aus Verantwortung etwas über, was Dich auf Dir ungemäße

Weise anstrengte; und dennoch mußtest Du jetzt Angst haben, Dein Mandat niederzulegen, weil es geheißen hätte: aus gesundheitlichen Gründen, – und das klingt so wie bei denen, die Dich entsetzten.
»Wir hätten es uns nicht aus den Händen nehmen lassen dürfen«, hast Du gesagt, aber so war's doch nicht – oder? Für ein paar Stunden und Tage hatte es sogar dieses Schweben gegeben. Es wird so sehr Dein Lächeln fehlen, das die alten Newcomer von sich aus verstummen läßt, weil sie sich ertappt fühlen. Sie beruhigt Dein Tod.
Nachdem in den vergangenen Wochen das Fernsehen und das Radio verschwunden waren und die taz immer häufiger ungelesen blieb, sprachst Du immer wieder davon, daß Menschen wie Gustav Landauer, Rosa Luxemburg, Theodor Lessing, Erich Mühsam, Karl Liebknecht – Du sprachst von mehr – einfach beiseite geschafft worden sind, erschlagen oder erschossen. Diese Morde, die früheren und die heutigen, machten Dich wortlos. Es war die Angst vor der Vergeblichkeit. Wenn es möglich wäre, so etwas zu verhindern, dann hätte Politik schon einen Sinn.
Der fünfte Satz soll aus Deinen Gesten bestehen und von Deinen Besuchern sprechen; und da das alles in Deinem Zimmer geschieht, soll das auch noch einen weiteren Satz ergeben; es könnte aber auch heißen: »eins, –, zwei, – und drei«, so konzentriert und intensiv wie das Anschieben eines Bobschlittens, das war Dein Aufstehen vom Bett und der Gang in Dein Zimmer, oft auf Schultern vor Dir gestützt. Dieser Raum war für Dich neu entstanden, mit vielen Büchern und dem Schreibtisch. Das ganze kleine Haus hatte sich auf dieses Zimmer ausgerichtet, dort fanden alle Mahlzeiten statt, zu zweit oder zu dritt oder in Familie. Wenn Du lagst, sahst Du das gewünschte Geschenk Deines Freundes Olaf Wegewitz auf dem halbhohen Schrank zu Deinen Füßen: der Rahmen über der Filzmatte, darin die Bienenwaben, fast herzförmig, und unerklärlich und doch so einfach schwebte über all dem die Fahne. Dahinter, links vom Fenster, das Bild von Walter Libuda mit der Widmung an Euch, das sich aufrichtende Rot vor dem Blau und Blau-Weiß, rechts von den Fensterjalousien der Schmidt-Kirstein, die sich kreuzenden Linien gegenüber den weißen Flächen. Über Deinem Kopf dann in den letzten Wochen das grüne, späte Aquarell von Walter Jacob, an der Wand neben der Zimmertür die kleine Arbeit von Gerhard Marcks. In diesem Zimmer wechselten die Liegestühle mit den Hockern, manchmal reichten die Hocker und der Platz nicht. Viele kamen nur wegen Dir, und sagten, daß sie hier in der Nähe zu tun hätten. Für Dich waren diese Abschiede und Umarmungen nicht die letzten.

Es blieb niemand fern, den Du erwartet hattest, und so viele kamen, die Dich freuten. Vielleicht war es die Vorstellung davon, welcher Raum leer bleibt, wenn Du ihn nicht mehr füllst, die Dir so viele Menschen, Blumen, Briefe, Bücher, Bilder, Früchte zusandte, die Dein neues Zimmer regelmäßig füllten, wie jede Woche ein neuer Blumenstrauß aus Deinem Museum.

Du hast so viele Geschenke empfangen, und Du selbst hast fortwährend Geschenke gemacht. Als einer Deiner Freunde eine Woche zu früh erschien, stöhntest Du auf, es sei ja noch gar nichts richtig vorbereitet, das Teepaket noch unterwegs, in zwei Tagen erst käme der Schinken und der Zucker, der richtige Wein war noch nicht gekauft, nicht die richtigen Brötchen und überhaupt, und Du wolltest alles so schön vorbereitet wissen.

Es mußte aber ebensogut nichts getan werden, einfach nur beieinandersitzen. Und dabei konntest Du plötzlich eine Geste erfinden, wenn Du die Hand hobst und Deine Finger wie ein Puppentheater bewegtest, was die Gesichter, die auf Deinen vermeintlichen Schlaf sahen, zum Lachen brachte. Was hättest Du eigentlich noch tun sollen?

Kein siebenter Satz, statt dessen nur ein Name, Du weißt schon, und Du hast die Hälfte Deines Lebens diesen Namen in allen Nuancen ausgesprochen und sie den Deinen; wie oft hast Du ihr angedroht, »ich beiß Dich in die Nase«, – und wenn es drauf ankam, wart Ihr Euch so einig, und sie hielt Dich selbst noch dann, wenn sie Dein Widerpart war. Wer zu Euch kam, für den galt manchmal der eine Name für den des anderen, Ihr wart zusammen wie ein Mensch und dabei so offen für andere: zusammen am Weihnachtsmorgen in Venedig, im Augustregen von Chartres, beim Sonntagsfrühstück zu Hause, bevor ihr Euch an die Arbeit setztet, beide als Stichwortgeber oder Vollender für die Arbeit des anderen. Ihr wart Euch neu in den vergangenen Wochen; und dort, wo für gewöhnlich die Einsamkeit beginnt, hattest Du sie noch, die sich das Schlafen immer erfolgreicher abgewöhnte, die um Dich die Dinge ordnete, deren Hände alles wußten oder lernten, die der Cherub Deiner verstreuten Testamente ist, die Dir so nah ist, wie es Montale beschreibt:

»Wir hatten fürs Jenseits einen Pfiff einstudiert,/ein Erkennungszeichen./Ich versuche, ihm Klang zu geben in der Hoffnung,/daß wir alle schon tot sind, ohne es zu wissen.«

»Mich hat immer zu viel interessiert«, – das war Deine Antwort auf die Frage, warum Du nicht viel mehr gezeichnet und gemalt hast. Es gab kaum Gelegenheiten, bei denen Du nicht irgendetwas bekritzelt hast, aber es wirkte beiläufig. Du konntest Texte schreiben, die waren gearbeitet wie ein Gedicht, Du fandest

Sätze, die gleichrangig neben dem Beschriebenen standen. Du weißt, wie wichtig sie waren und daß Du mit ihnen etwas von dem Unsichtbaren sichtbar gemacht hast. Daß dies aber nur ein Teil von dem war, was Du tun wolltest, erfuhr ich erst spät beim gemeinsamen Durchsehen Deiner Zeichnungen und der anderen Arbeiten, von denen sich kaum etwas aussondern ließ. Andere werden darüber besser berichten können, doch es war Kunst, die da vor einem lag. Für mich waren es die Arbeiten auf den Notizzetteln, den kleinen quadratischen Abreißblöcken, in den A5-Heften, die so beglückten; Arbeiten, die manchmal nur Du allein kanntest. Und dann kam die Nase, Nos, die Gogol nicht kannte, sie war plötzlich auf dem Papier, klein, auf dürren Beinen, ganz unbekleidet. Es wurden 35 Blätter, wunderbare Zeichnungen, zum Teil aus dem Wortwechsel zwischen Altenburg und Petersburg entstanden. Nos erhielt Stiefel und Schal, den sie auch als roten Teppich auslegen konnte, Nos als Sandwichman mit Propeller, Nasenwaschanlage, Wolkendusche, Nos eröffnet die Fontanka-Flotte, Nos beim Waschtag, Nos im Spiegelkabinett, Nos als eherner Reiter, Nos – glücklich in allen Himmeln versponnen … Welcher Anstrengung es bedurfte, Nos täglich einmal, zweimal oder öfter auf Reisen zu schicken, den Faxen war es nicht anzusehen, wie es halt Kunst an sich hat.

Zwei Sätze sind noch nicht gesagt. Der 9. heißt: Es ist so viel mehr als das, was hier gesagt werden kann, viel vom Eigentlichen fehlt; deshalb muß der 10. Satz heißen: Denk nicht, daß es nur einen Briefschreiber gibt, und denk nicht, Helmarotschka, daß dies der letzte Brief ist.

Helmar Penndorf, geboren am 10. 6. 1945 in Altenburg, studierte in Leipzig Kunsterziehung und Kunstgeschichte. Nach einem kurzen Zwischenspiel im Büro Bildende Kunst Karl-Marx-Stadt und in der Buchhandlung Goedecke in Leipzig, arbeitete er seit 1971 am Lindenau-Museum Altenburg, wo er die graphische Sammlung betreute und zahlreiche Ausstellungen anregte und gestaltete. Seine kluge, künstlerisch inspirierte Arbeitsweise und seine sensiblen Texte zur Gegenwartskunst trugen wesentlich zum Ruf des Lindenau-Museums als einer lebendigen Stätte für alte und neue Kunst bei. In den letzten Lebensmonaten wurde ihm seine eigene Zeichenkunst wieder wichtig; aus den poetischen Blättern, heiteren und traurigen, gewann er Kraft, selbst wenn sie ihn erschöpften.
Er starb am 7. 2. 1993.

Ingo Schulze, geboren am 15. 12. 1962 in Dresden, studierte in Jena Klassische Philologie, arbeitete von 1988 bis 90 als Schauspieldramaturg am Landestheater Altenburg, 1990 bis 92 am »Altenburger Wochenblatt«. 1993 halbjähriger Aufenthalt in St. Petersburg. Lebt seit Sommer 1993 in Berlin und Altenburg. 1995 erschien im Berlin-Verlag »33 Augenblicke des Glücks«, 1998 »Simple Storys«.

Katharina Wagenbach-Wolff, Carmerstraße 10, 10623 Berlin.
Gesetzt in der Janson-Antiqua von Harald Weller, Berlin.
Lithographien: abg satz & bild GmbH, Altenburg.
Gedruckt bei der Druckerei Gerike, Berlin.
Die Buchbindearbeiten besorgte die Buchbinderei Lüderitz & Bauer, Berlin.
Printed in Germany ISBN 3-932109-16-3